农业产业集群创新价值链建设研究

梁国军　信雪爽　刘　慧　著

吉林科学技术出版社

图书在版编目（CIP）数据

农业产业集群创新价值链建设研究 / 梁国军，信雪爽，刘慧著. -- 长春 : 吉林科学技术出版社，2023.3
ISBN 978-7-5744-0195-2

Ⅰ. ①农… Ⅱ. ①梁… ②信… ③刘… Ⅲ. ①现代农业－农业产业－产业发展－研究－中国 Ⅳ. ①F323

中国国家版本馆 CIP 数据核字（2023）第 058393 号

农业产业集群创新价值链建设研究

著　　者　梁国军　信雪爽　刘　慧
出 版 人　宛　霞
责任编辑　赵维春
封面设计　树人教育
制　　版　树人教育
幅面尺寸　185mm×260mm
开　　本　16
字　　数　210 千字
印　　张　9.75
版　　次　2023 年 3 月第 1 版
印　　次　2023 年 3 月第 1 次印刷

出　　版　吉林科学技术出版社
发　　行　吉林科学技术出版社
地　　址　长春市南关区福祉大路 5788 号出版大厦 A 座
邮　　编　130118
发行部电话 / 传真　0431—81629529　81629530　81629531
81629532　81629533　81629534
储运部电话　0431—86059116
编辑部电话　0431—81629520
印　　刷　廊坊市广阳区九洲印刷厂

书　　号　ISBN 978-7-5744-0195-2

定　　价　60.00 元

前　言

随着世界贸易自由化与全球经济一体化的发展，市场竞争日益激烈，这给我国农业带来前所未有的机遇和挑战。农业产业集群作为推进农业产业化、提高农业竞争力的有效方式，已成为我国农业产业化的重要实践形式。然而，我国农业产业集群依然处于发育的低端状态，面速满足消费者需求、降低集群整体运行成本和合理分配集群利益的多重压力，其核心竞争力和成长性都明显不足。因此，农业产业集群的优化升级是我国农业产业化进程中必须要面对的问题。

农业产业集群以某种农产品供应链为纽带，大量产业联系密切的专业化生产企业以及相关支撑服务机构和组织，在一个或者多个地理空间集中或者接近而形成的综合体。供应链管理是以供应锥为对象，面向供应链的设计、运营管理和控制，是以用最低的成本为客户提供最大的价值为目标，对供应链中的物流、信息流、资金流进行系统化管理和控制的各种活动和过程。农业产业集群与供应链管理具有天然的内在联系，两者具有相互促进的作用。供应储管理方法可以将从田头到餐桌之间的各个环节有机集成，对集群成员行动进行优化组合，健全集群成员利益联结机制，降低农产品在“从田头到餐桌”流通加工过程中出现的可控的不确定性因素影响，提高农业产业集群供应链网络系统的运行效率。供应链管理方法在产业集群治理中的应用，为缓解我国农业产业集群所面临的压力提供了解决途径。因此，运用供应链管理方法治理农业产业集群、促进农业产业集群优化升级，已成为必然选择。

本书是在我们近几年来一系列关于发展供应链集成条件下农业产业集群的理论和实证研究成果的基础上撰写而成的，由于以农业产业集群供应链网络系统为切入点，探讨农业产业集群优化升级策略、进行数理分析的研究工作在我国学术界开展的时间不长，基于学识、资料、数据等原因，我们的研究也存在不少问题和缺陷，恳请读者批评指正。

我们的研究和本书的撰写得到学校和各相关单位的支持和协助，在此一并表示衷心的感谢！特别感谢本书的责任编辑朱世祥老师，正是由于他辛苦细致的工作和对书稿的润色，才使本书得以顺利付梓。

本书系作者 2021 年承担的河北省社会科学基金项目“雄安新区周边县域经济转

型方向与路径研究”（项目批准号：HB21YJ043）的阶段性研究成果。同时也受到2022年度河北省“三三三人才工程”项目资助，项目名称为“河北省谷子产业集群创新价值链建设研究（项目批准号：C20221181）。

目　录

第一章　产业集群相关理论

20 世纪 50—60 年代以来，随着经济全球化的发展和国际产业资本的转移，产业集群现象在许多国家大量出现，日益成为影响区域产业竞争力的重要因素。产业集群作为一种典型的经济活动空间现象一直受到学者们的关注，得到了广泛而深入的研究。本章主要介绍产业集群的概念、特征、分类及西方产业集群理论回顾和研究动态，以及我国学者关于产业集群的研究状况等内容。

第一节　产业集群的基本内涵及分类

一、产业集群的概念

研究产业集群现象的学科众多，包含经济学、区域经济学、地理经济学、管理学、社会学等学科。由于学科之间的融合不够，目前产业集群研究缺少统一的概念与研究范式。经济学、区域经济学一般多用“产业集聚（Industry cluster）”的概念；管理学科则多以“产业簇群或产业群簇”“产业集群”“产业群”等概念；而经济地理学科大多采用“产业区（industrial district）”与“新产业区（New Industrial District）”“区域集群（regional cluster）”“产业综合体（industrial complex）”“区域创新系统（Regional Innovation System）”等概念。由于称谓不同，对集群的界定和概念也就各有侧重，即使“产业集群”这个叫法本身，学界都没有形成统一的概念，可以说有多少研究或者使用“集群”这一术语的群体，就有多少种集群的定义。国外对产业集群比较有代表性的定义主要有以下几种：

学界普遍认为迈克尔·波特（Porter）对产业集群的研究具有开创性意义，其对产业集群的定义也比较有代表性，1990 年，波特在《国家竞争优势》一书中正式提出产业集群（industrial clusters）的概念：产业集群是在某特定领域中，一群在地理上靠近、有相互关联性的企业和相关机构，由于彼此具有共性和互补性而联系在一起；产业集群包括一批对竞争起重要作用的、相互联系的产业和其他实体，通常向下延伸至销售渠道和客户，并从侧面拓展到辅助性产品的制造商，以及与技能技术或投入相关的产业公司。产业集群包括提供专业化培训、教育、信息研究和技术支持的政府和其他机构（Porter，1998）。这是国内外产业集群研究中引用较多的概念。

罗斯费尔得（Rosenfeld）进一步对定义集群的标准进行了研究，包括集群规模、集群对于经济和战略的重要性、集群产品和所需服务的范围以及对公共投入品的使用。他认为：产业集群是“为了共享专业化的基础设施、劳动力市场和服务，同时共同面对机遇、挑战和危机，从而建立积极的商业交易、交流和对话的渠道，在地理上有界限而又集中的一些相似、相关和互补的企业。”（Rosenfeld，1997）。

斯欧（J·A.Theo）、罗兰德（Rolelandt）和彼姆·登·赫多（Pimden Hertog）对产业集群的定义是：为了获得新的互补技术，从互补资产和知识联盟中获得收益，加快学习过程，降低交易成本，克服或构筑市场壁垒，取得协作经济效益，分散创新风险和相互依赖性很强的企业（包括专业供应商）、知识生产机构（大学研究机构和工程设计公司）、中介机构（经纪人和咨询顾问）和客户通过增值链相互联系形成的网络，这种网络就是集群。这是从产业集群的功能角度对产业集群作出的定义。

在借鉴西方学者对产业集群定义的基础上，国内学者结合国内产业集群发展提出了自己对产业集群的定义。比较有代表性的观点有：

仇保兴认为：小企业集群指的是由众多自主独立并相互关联的小企业依据专业化分工和协作的关系在某一地理空间高度聚集而建立起来的产业组织，这种组织的结构介于纯市场和纯科层组织之间（仇保兴，1999）。这是从产业组织角度所作的定义。

符正平、徐康宁等强调产业集群的产业特征，他们认为：产业集群指同一产业的企业以及该产业的相关产业和支持产业的企业在地理位置上的集中和成长现象（符正平，2002；徐康宁，2001）。

王缉慈等将产业集群定义为：一组在地理上靠近的、相互联系的公司和关联机构，它们同处一个特定的领域，由于具有共性和互补性联系在一起，具有专业化特征（王缉慈，2002）。王缉慈强调的是，产业集群内企业共同的社会文化背景及价值观念，认为只有具备了这些条件，群内企业才具有区域的“根植性”，才可以形成稳定的产业集群。

尽管国内外理论界对于产业集群的定义和界定难以统一，但从上文可以看出，关于集群的概念在“产业联系、空间集聚、专业化分工、创新、社会经济网络（根植性）以及集群发展的动态性”等方面还是达成了一致，只是研究角度的不同决定了研究的侧重点也不同。

二、产业集群与产业集聚概念辨析

现有文献大多将集聚（agglomeration）与集群（cluster）、产业集聚与产业集群概念等同并通用，其实两者不尽相同。产业的空间集聚可以形成产业集群，但并不是所有的产业集聚都是产业集群。有的企业虽然在空间上集聚在一起，由于相互之间没有关联，就不是产业集群。因此，产业集聚只是产业集群形成的一个必要条件，而非充要条件。

集聚是指产业在空间上集中的过程，早在一个世纪前，韦伯在《工业区位论》中就开始使用集聚的概念。产业的空间集聚是指同一类型或不同类型的产业（或企业）及相关支撑机构在一定地域范围内的集中、聚合（周文，1999），是经济地理学的研究重点。

集群的概念是由管理战略大师波特，从产业空间布局的经济联系角度出发而提出的，1990年在《国家竞争优势》中首次使用。产业集群是指大量的专业化的产业或相关性、支持性的企业以及机构（包括大学、科研机构、政府等）在一定范围内的柔性集聚并结成合作创新网络，根植于当地的社会文化环境中（蒋三庚，王晓红，2009）。

产业集聚是从区位角度反映产业的空间分布态势，其容纳了产业从分散到聚集的空间转变的全过程。而产业集群则基于侧重于从经济学角度研究产业在空间集聚显现竞争力的原因，表现为空间的集聚性和产业的关联性。与郑胜利和黄茂兴（2002）认为两者是地域化经济的两个阶段不同，张淑静（2006）认为，在经济发展进程中，产业集聚有三个发展阶段：第一阶段是同类或相关企业的“扎堆”现象，彼此间并没有紧密的关联，但不是乱“扎堆”；第二阶段是韦伯集聚、地域生产综合体、增长极等理论所描述和强调的，在垂直一体化基础上企业之间建立物质联系，集聚的主要目的是为了节省运输成本、取得外部规模经济；第三阶段是具有主导产业的同类及相关产业企业的空间集聚，彼此间分工、合作、竞争、互补、共创和享有集体效应。在第三阶段，产业集聚是产业的空间布局形式，而产业集群是其内容和实质。

因此，产业集群是产业集聚的高级阶段。产业集聚的范围较宽，各产业之间的关系包括互补、共生或者两者兼而有之；而产业集群的实质是互补与共生同在。两者的不同表现在以下几方面。

（一）侧重点不同

从两者的概念可以看出，产业集聚侧重于产业的同类企业空间集中的规模，从而形成沿着产业链上下游成员间的互补与合作；产业集群侧重于主导产业的企业与相关机构间在空间集中基础上产业内和产业间的联系，即基于分工的同类企业在同一产业环节的竞争，以及不同企业在产业链上下游及与生产型服务之间的合作。前者成员之间强调有形实体依附与互补的纵向联系，后者成员间强调竞争与合作，即强调有形实体的纵向和横向联系，且更加注重信息、知识等无形实体在成员间的交流与碰撞。

（二）动力机制不同

虽然两者都受益于规模经济和范围经济，但产业集聚更为关注的是降低运输成本，其持续发展的动力主要来源于领头的大企业；而产业集群是在降低劳动力等生产要素成本的基础上，更为关心信息成本、交通和学习成本等交易成本的降低，以尽可能地促进创新，其持续发展的动力不仅得益于核心企业，更重要的是众多企业发展主导产业的目标一致。世界经济的发展经验说明，产业集聚在一定历史阶段和一定范围内曾经对经济发展发挥了重大作用，但在经济全球化的近20多年来，产业集群以其灵活性、开放性满足了社会的个性化需求，因而在当前及今后具有强大的竞争力和生命力。

（三）信息传递方式不同

产业集聚一般是通过报告会、期刊等正规途径的正式交流传递编码知识，扩散信息和技术；而产业集群更多的是在俱乐部、企业家协会等非正式交流中传递经验等方式来实现思想火花的碰撞，可以说，正是由于信息传递方式的不同，前者趋于常规性创新，后者趋于“爆炸式创新”。

（四）根植性不同

产业集聚多考虑与原材料、市场等的距离而确定集中的区位，与当地文化关系不大；而产业集群更多的是关注区位的制度环境，产业根植于当地的社会资本和文化。因而，前者根植性较弱，可迁移；后者根植性较强，且不可以复制。

因此，产业集聚并不等于产业集群，只靠地理上的集中并不能创造出共同获益的相互依赖性；产业集群必须以地区内部的相互关系和共同促进为基础，没有区域内部的共生机制，就不能真正发挥集聚优势。这一点对地区产业发展很有指导意义，因为如果简单地认为产业的地理集中就能形成产业集群，则很容易忽略企业之间内在联系机制的建立，导致产业发展战略的失败。

三、产业集群的特征

（一）国内外学者关于产业集群特征的研究

对于产业集群的特征，因研究深度和广度的不同以及案例研究和实证剖析的差异，学者们看法各异。

斯科特（Scott）认为的新产业区的特征是：中小企业占很大成分；企业在地理位置上的集聚；有各种企业从事特定产品不同阶段的生产；本质上具有社会和经济特质的网络；制度支持，包括 R&D 培训、融资、信息等（Scott，1988）。

贝卡提尼（Becattini）的第三意大利模型一直是国际上对集群问题研究的标准模式（Schmitz，1995），这一模式包含以下几个要件：企业在地理和生产部门的集中；中小企业占主导地位；经营活动的垂直分解；合作竞争；促进信任形成的社会文化一致性；主动的自助式组织（Becattini，1990）。

桑恩伯格（Sengenberger）等提出的集群形成要素是：地理上有界和产业部门确定的企业网络；合作意愿；企业家资源丰富，愿意进行非价格竞争；经培训的、适应力强的、有合作精神的劳动力（Sengenberger，Wemer 和 Frank Pyke，1991）。

罗伯特·罗伯提（Roberta Rabellotti）认为，集群应该包括以下几个方面：中小企业在产业和空间上的集中；基于市场和非市场交换的商品、信息和人们之间的前向、后向联系；共同的文化和社会背景将经济和人联系起来，并产生了一种或明确或不明确的行为规则；公共和私人创立的地区组织网络支持经济人在区内的活动（Robert Rabellotti，1995）。

道瑞（Doering）和特克莱（Terra）认为，产业集群是经济社会发展到一定阶段的动态现象，产业集群的特征在于企业和产业间的交互和功能性联系（Doering 和 Terlda，1995）。

罗斯费尔得（Rosenfeld）认为，社会关系与信息交流对产业集群的发展至关重要，社会关系网络的完善、信息交流的充分与效率的高低，直接影响产业集群的培育与成长。有效的集群必须包括社会关系、信任、共同愿景等，以及创建集群的动力本质（Rosenfeld，1996）。

思莱尔（Cilliers）认为，产业集群具有高度的集聚性和关联性，在地理上集中和产业上关联被视为产业集群的两大基本特征，这两个特征使集群企业对外呈现联系紧密的网络特性（Cilliers，2001）。

通过比较可以看出，这些学者强调的内容各有侧重，关注的重点包括：空间集聚、产业联系和专业化、企业之间的合作和竞争、要素和基础设施、制度支持等。但是这些特征都是学者们基于自己案例的研究总结或者说都是一些典型事实（stylized facts）（钱震杰，2004）。由于发达国家和发展中国家的经济发展阶段和优势产业、产业组织和政策环境的不同，也就很难得出一个世界范围内产业集群的普适特征。即使是在同一国家内，产业集群的主要特征也有差异，如史密茨（Schmitz）和马桑克（Musyck）认为制度是意大利产业区非常重要的支持性原因，而在罗伯提的研究中，发现销售行会、本地政府的积极支持等制度性因素在意大利的布瑞太（Brenta）和马彻（Marche）制鞋业中就没有出现（RobertRabellotti，1995）。

1. 产业集群的基本特征

根据各理论流派和学者们的观点，可以把较为成功的产业集群的特征归纳为以下几个方面：

（1）一定地域空间的集聚

产业集群首先表现为产业在一定地域空间的集聚现象。如果没有产业在空间上的集中，由集聚经济而产生的知识外溢、信息共享、外部规模经济、专业化分工与合作、社会资本等种种竞争优势便无从谈起，相关产业的集聚也不会发生，可见，产业集群虽然不能等同于相关产业空间上的简单集聚，但产业集群的产生和存在却必须是以相关产业在空间的集中为前提的。

（2）群内各产业之间具有关联性

集群的形式可以是多样化的，其复杂性也不尽相同，但每一个集群都是由有产业关联的企业聚集在一起而组成的。参加地域集聚的企业应该是同一产业链上专业化分工不同的部门或环节，这种专业化分工可以是基于制造业产品的技术可分性，也可以是基于服务业产品和文化产品的过程可分性，企业通过彼此间投入产出关系（如制造业）或作为某一产品的不可或缺的组成部分（如旅游业）形成紧密联系的专业化分工合作体系，从而区别于单纯的企业“扎堆”现象。这些企业包括生产最终产品或服务的企业、生产配件的企业、生产相关机械的企业、提供产业内服务的企业，另外还有在专业知识和技能方面能够产生对企业支持作用的机构，如大学、研究机构、咨询中心、培训中心等。企业间的联系可以是贸易或非贸易联系。目前我国大多数的工业园区和开发区虽有大量的产业集聚，但是由于缺少必要的产业特征和企业联系，故不能称之为产业集群。

（3）集群具有持续的创新能力

产业集群已融入全球市场竞争中，集群竞争力的提高依赖于高水平的创新。本地核心企业的创新活动，通过网络化传导机制和学习效应，推动其他关联企业模仿和创新，从而带来渐进性的创新。随着相关经验的积累和能力的提高，在企业家精神的刺激下，大量企业被纳入创新体系中，并且创新企业不断出现，从而进一步推动创新活动，促进集群持续创新。无论是处于什么发展阶段的产业集群，其持续的竞争优势和生命力都来自于不断创新。简单的产业集聚也有创新，但只有出现了非常活跃的创新交互过程、频繁的知识转移和分享的产业集聚才能成为产业集群。集群创新动力来自于集群内企业间激烈的竞争，来自企业间共同的社会文化环境下基于信任和理解的相互合作（包括正式和非正式合作）及企业间的结网性。

（4）合作性竞争

合作性竞争是产业集群的优势，也是产业集群的特征。“面对面”的竞争压力是集群企业发展的动力，但是集群内企业间并不是单纯的竞争关系，由于产业联系、专业化分工和企业所处的相同的文化环境，为群内企业合作创造了有利条件，因此，企业间既存在竞争也存在合作。而且企业间的合作较之群外的企业在形式和内容方面更为多样，合作对创新的促进作用更为显著。从马歇尔的产业区位论到当前的集群制度和进化经济论，都对集群企业的合作和竞争机制进行了探讨，明确了合作性竞争所带来的集体效率和集群企业共同拥有的核心竞争优势。集群合作既包括上下游企业间、同类企业间的合作，也包括企业与相关机构间的合作；既包括具有契约形式的正式合作也包括非契约形式的非正式合作。

四、产业集群的类型

（一）外学者关于产业集群英型的研究

国外学者们大多是从综合的角度，根据产业集群的特征、产业联系和集群发展路径对产业集群进行分类的。

1998 年，联合国贸发组织秘书处（UNCTAD）根据网络化中每个企业的技术水平、市场的扩展和企业之间的合作程度，将产业集群分为五种类型：非正式的合作网络、有组织的合作、创新型集群、科技园区和出口加工区。莱恩·迈特莱卡（LynnMytelka）和法拉维亚（Fulvia Farinelli）在 UNCTAD 划分的基础上，以产业集群的组织类型为基准，以集群的内在关系为出发点，重点研究了自发的产业集群，把它们分为非正式集群、有组织集群和创新型集群三种类型，并分析了不同类型集群参与者的特点、创新、信任、技能、技术、关联、合作、竞争、产品创新、出口等方面的差异（Lynn Mytelka 和 Fulvia Farinelli，2000），这种分类不仅考虑了集群的空间特征和企业的外部环境，而且考虑了集群的创新能力，高度关注集群内外部环境的改善和联系及整个集群的技术创新。同时，这种分类能够将影响产业集群的若干因素明确表示出来，有助于通过控制或改进某些因素，达到影响或推进产业集群发展的目的。

马库森（Markusen）（1996）将产业集群分为四种类型：马歇尔式产业区——意大利式产业区为其变体形式；轮轴式产业区——其地域结构围绕一种或几种工业的一个或多个主要企业；卫星平台式产业区——主要由跨国公司的分支工厂组成；国家力量依赖型产业区。彼得·科罗瑞卡（Peter Knor ringa）和乔·迈叶·斯泰尔（Jorg meyer stamer）（1998）借鉴马库森的分类方法，根据产业集群的特征、发展路径及政府干预政策，得出了三种集群类型：意大利式产业集群、卫星式产业集群和轮轴式产业集群，由于这种方法对不同类型的集群进行了综合概括，成为目前学者们引用较多的产业集群的经典分类方法。意大利式产业集群的典型特征是中小企业的集群，集群内部具有复杂的专业化分工协作、竞争合作关系，与区外企业合作与联系程度低，集群内企业之间存在长期的合同和承诺，集群区域具有独特的地方文化特性。轮轴式产业集群的重要特征是由一个或多个关键大企业（核心企业）支配，企业的合作一般是以核心企业为中心展开沿着价值链上、下游以及水平方向的多方面的合作，其重要特征表现为长期的契约和承担义务，形成与核心企业上、下游相关联的配套企业集群。卫星式产业集群内部成员之间的联系较少，集群内较少有纵横交错的内部合作关系，依赖外部企业。

乔治敦（IanR．Gordon）和菲利普·麦肯（Philip Mikan）运用交易成本理论将产业集群分为纯集聚体（如竞争性城市经济）、产业综合体（如钢铁和化工产业综合体）和社会关系网络（如新产业区）三类，并对不同类型的产业集群中企业间关系特点、企业人群条件、空间分布等进行了分析（IanR．Gordan 和 Philip Mikan，2000）。这种分类方法把产业集群和地域生产综合体的概念相结合，扩大了产业集群的理论内涵。

汉弗里·J．哈姆弗（Humphry·J.Humph）和史密茨（Smits）把产业集群分为两类：基于创新的集群和基于低成本的集群。其中基于创新的集群是在良好的法规制度及工作环境条件下，通过企业间自觉开展合作而不断演进，其基本特征是创新、高质量、功能灵活。而基于低成本的集群，企业之间信任度低，信息共享较少，常有恶性竞争，企业集群合作的程度不高，最突出的特征就是低成本（Humphry·J.Humph 和 Smits，2002）。

（二）国内理论界关于产业集群类型的研究

国内对于产业集群的分类研究大约始于 20 世纪 90 年代，由于国内产业集群的实践与国外存在差异，而且国内区域间经济发展又具有不同特点，因此，我国国内产业集群的类型是相对多样复杂的。

这里选取几种分类进行重点介绍。

仇保兴（1999）是我国研究产业集群分类较早的学者之一，其按照中小企业集群的结构，将产业集群分为："市场型"集群、"锥形"（或中心卫星工厂型）集群、"混合网络型"集群和中小企业群落四种类型。"市场型"集群的特点是集群内部企业之间的关系以平等市场交易为主，各生产厂以水平联系来完成产品生产。"锥形"（或中心卫星工厂型）集群的特点是以大企业为中心、众多小企业为外围而形成的。"混合网络型"集群特点是以信息联系为主而不是以物质联系为主，以计算机辅助设计和制造业的柔性生产方式来进行生产。中小企业群落则是对中小企业以集群方式在空间集聚的描述。这种划分方式和 Markusen 的划分方式类似，简单明了，在政策支持上较易操作。此外，按企业性质又可将产业集群分为制造业集群、销售业集群和混合型企业集群（仇保兴，1999）。

王缉慈（2001）根据产业集群的成因把我国的产业集群分为五类：沿海地区的外向型出口加工基地、智力密集的高新技术企业集群、自然发展的乡镇企业集群、外资驱动的开发区及以国有大中型企业为核心的企业网络。这五类产业集群由不同的原因产生：沿海地区的外向型出口加工基地主要由外资带来的多个配套企业发展起来，是一种技术密集型产业集群；智力密集的高新技术企业集群是在科技实业家创业基础上出现的高科技企业集群，也是一种技术密集型产业集群；自然发展的乡镇企业集群主要依靠企业家精神和工商业传统，是建立在农村或乡镇工业基础上的特色集群，一般为劳动密集型产业集群；外资驱动的开发区主要是在本地"三来一补（来料加工、来样加工、来件装配和补偿贸易）"基础上发展起来的中小企业集群，一般为劳动密集型产业集群；以国有大中型企业为核心的企业网络主要是在公有制企业基础上经过企业繁衍和集聚形成的集群，大都为技术密集型产业集群。

国家发展和改革委员会工业司综合处（2004）根据我国产业集群的内部产业结构，将我国产业集群划分为三类：古典的产业集群区——"马歇尔产业区"；"龙头＋网络"的形式——龙头企业为导向和支撑，众多中小企业和家庭工厂形成网络状；以核心大企业为主导、中小企业相配套形成的产业集群。古典的产业集群区即生产特定产品的小公司聚集在特定的区域，其产品主要为消费品，如纺织、服装、木制家具、金属餐具、陶器和眼镜等，企业之间按照从原料到制成品的生产过程进行劳动分工。"龙头＋网络"形式的特征是龙头企业在研发、生产、营销中发挥创新和导向作用、横向支撑作用、纵向纽带作用，众多小企业和家庭工厂形成网络结构，实现生产的社会化、组织网络化和流通市场化，既自己开拓市场又需依靠龙头企业和区内网络集体力量拓展市场。以核心大企业为主导、中小企业相配套形成的产业集群的典型特征是以核心企业为中心展开的，沿着价值链上、下游以及水平方向的多方面的合作，表现为长期的契约和承担义务，形成与核心企业上、下游相关联的配套企业集群。

陈佳贵、王钦（2005）根据形成机制，将我国产业集群分为内源传统型的产业集群模式、内源品牌型产业集群模式和外商投资型产业集群模式。内源传统型产业集群模式多是以传统劳动密集型工业部门为主，集群的形成往往是以特殊的历史传统、传统工艺第一章产业集群理论技术的积淀，以及个别创业者的企业家精神为诱因的，具有一定的随意性和偶然性，一般是由数量众多的中小民营企业构成，并沿着血缘、亲缘和地缘关系所形成的"信任和承诺"脉络向外扩散，许多地区都呈现出"一村一品"、"一镇一业"的产业组织形态。内源品牌型产业集群模式多是以资金和技术密集型的工业部门为主，该模式产业集群的形成往往是以一批具有竞争优势的名牌大企业为诱因。这些品牌企业不仅规模较大，而且创新和竞争力较强，与外界联系较广，进而又带动了一大批进行专业化生产和配套服务的中小企业，形成了一个大中小企业共生互助、有机协调发展的产业群落。外商投资型产业集群模式主要集中在沿海一些外向型出口加工基地，该类型的产业集群往往是以外商投资为诱因形成的。

李凯、李世杰（2005）按照政府介入程度为依据将产业集群分为政府主导型与市场主导型两种大类。政府主导型又包含三个小类：政策指令型、政策引导型和资源禀赋型；市场主导型包含两个小类：柔性产业综合体和社会网络型集群。李凯、李世杰的产业集群按照政府介入程度为依据的分类方法有其积极的一面，他们把政府主导的老工业基地如沈阳重大装备制造业纳入集群的研究中，具有一定的现实意义。

（三）产业集群分类评价

不同学者根据学科的不同，观察角度与研究服务目的的不同，对产业集群分别给出了不同的分类方式。总体来看，国外学者对产业集群的分类方法往往是基于产业集群的本质，希望通过对不同类型产业集群的划分找出产业集群的不同发展路径和方向。国内学者对产业集群的分类主要是在借鉴国外成果的同时根据我国国情和产业集群发展实际进行的，这些分类大都具有较强的针对性和科学性，基本上符合以下两个原则：第一，现实性原则。重视集群分类的应用价值和现实意义，虽然产业集群有很多不同的分类方式，但都没有被过分强调，为分类而分类。第二，客观性原则。分类时重视产业集群分类的客观性。产业集群分类不仅根据研究的需要划分，还尊重了集群的内涵和外延，没有把不属于产业集群的经济现象纳入集群的范畴来研究。

但是，从国内外对产业集群的研究实际来看，学者们所关注的仍然只是生产型的产业集群，产业类型也大都仅限于制造业，而对于其他产业如商业、现代服务业、文化创意产业等服务性产业的关注甚少。然而，从世界产业发展的实际来看，如华尔街的金融业、浙江义乌的小商品市场、上海陆家嘴金融贸易区以及北京 798 艺术区已经具有产业集群的某些特征，它们实际上已经成为名副其实的产业集群。服务性产业集群的分类是怎样的？传统的、经典的集群分类对其是否适用？这些问题还有待于进一步深入探讨。

第二节 西方产业集群理论回顾及发展动态

一、经典理论回顾

20世纪70年代末，伴随着发达国家经济的普遍衰退，意大利东北部和中部地区、美国硅谷地区等中小企业集聚的地区却出现了惊人的经济增长。由此学术界开始追踪产业集群的溯源与趋势。经济学者、经济地理学者、社会学者等对产业集群都作出了相关的解释和研究。例如，工业区位理论、增长极理论、竞争优势理论、新产业区理论、区域创新系统等诸多理论分别从不同的研究角度出发对产业集群进行了深入的研究。在本部分，将对四种经典的产业集群理论进行回顾，以构建出产业集群研究的基础。

（一）分工理论

分工理论是产业集群形成和存在的基础。1776年，古典经济学家亚当·斯密的《国富论》中关于分工与市场范围关系的论述可视为集群形成原因最早的解释。亚当·斯密赋予了分工相当重要的地位，他认为通过分工，实现迂回生产，生产效率得到提高，所以，劳动分工提高生产率，是价值创造的源泉。亚当·斯密给出了分工提高生产率的经典解释是：第一，劳动者的技巧因业专而日进；第二，节省劳动时间；第三，机器的发明和采用。将亚当·斯密这一观点加以概括，分工提高生产效率并促进经济增长的关键有两点：其一，原来要求复杂劳动的工作通过分工以后只要求简单劳动就可以了。由于简单劳动只需要较少的生产技能学习时间，所以分工增加了人们可以用于生产的时间，从整体上降低了人们从事生产活动的成本。其二，分工使得单个生产过程简单化，有利于用机器生产代替手工劳动。

马克思认为，生产组织方式的选择必须以满足降低个别成本为目的，否则资本增值的目标将难以实现。所以，当事实证明新的生产组织方式——分工与协作具有更高的生产率时，采取这种生产组织方式就成为资本家的普遍行为，以便利用分工的优势降低成本。马克思认为，建立在协作基础上的企业生产，可以产生比分散生产更高的效率。

阿林·扬格（Young·A，1928）对专业化问题重新作出重要阐释：①劳动分工取决于市场规模。只有当市场对某种产品的需求足够大时，生产这种产品的中间环节才可能被分离出来。②市场范围又取决于劳动分工。首先，劳动分工使原料生产者和最终消费者之间被插入越来越多的专业化企业，这时在市场上交换的就不仅是众多的最终产品，而且包括众多的中间产品，从而市场规模扩大；其次，迂回生产也使劳动生产率提高，这将带来人均收入增加从而购买力提高，市场规模扩大。

20 世纪 80 年代兴起的新增长理论对专业化分工问题也进行了扩展性研究，卢卡斯（Lucas）建立了一个动态模型解释劳动分工对经济增长的影响，指出人力资本与专业化分工加速积累知识与技能的作用有关，人力资本问题的实质是用经济组织的演进解释增长问题，而经济组织结构的演进是决定技术进步的因素。罗默（Romcr）的研究也显示，产品的多样化（即专业化和分工的结果）作为一种外部经济表现为技术进步，是保证经济实现内生增长的唯一源泉。

分工理论是产业集群这种产业组织形成存在的本质和基石。产业集群中各行为主体，业有所精，工有所长，地理上的临近及信任机制作用的发挥，使得任务的重组、关系合约的执行非常便利，加速了知识溢出。反过来，知识的提高又进一步促进了分工的细化。依托市场的多样性需求，产业集群通过内部成员间以及成员与集群外部的交易，使产业内（间）分工细化与知识的溢出相得益彰，推动技术的扩散与创新，促进产业的升级和区域经济的发展。总之，集群企业可以通过分工的外部化而负责部分任务，节省生产成本，从而使生产更加专业化。

（二）外部规模经济理论

关于产业集群的研究最早可以追溯到英国经济学家马歇尔。马歇尔对产业集群理论最大的贡献可以总结为两点：一是对规模经济进行了分类；二是对外部规模经济的产生原因进行了剖析。

1. 规模经济的分类

马歇尔把规模经济分为两类：第一类规模经济称为内部规模经济（Internal economies of scale），主要是指单个企业内随着各种生产要素投入的增加，企业产出更大规模地增加，从而使平均成本下降；第二类规模经济称为外部规模经济（External Economy of Scale），是指整个产业（行业或城市化）发展规模的扩大使得该产业内单个企业成本降低。同时，马歇尔发现了外部规模经济与企业集群之间的密切关系，他认为企业集群是因为外部规模经济所致。马歇尔指出，企业内部的规模经济一般比较容易被人们所认识，在内部规模经济的作用下，厂商会尽可能使生产规模进一步扩大；而企业外部规模经济同样十分重要，企业集聚在一定区域正是追求外部规模经济的结果。

2. 外部规模经济产生的原因

马歇尔在其著作《经济学原理》（1890）中，将相关企业在特定地区形成的集群称为“产业区”（industrial district），并把这种“因许多性质相似的小型企业集中在特定的地方”而获得的经济称为“外部经济”。这种“外部经济”主要体现在三个方面：一是具有专业技能的劳动力市场；二是专业化附属行业生产的中间产品；三是可以获得技术和信息。前两个方面称为货币外部性（Pecuniary externality），其特征是在降低本企业成本的同时提高了其他企业的效率；后一个方面称为技术外部性（Technical Externality），其特征是每个公司都不能排他地完全拥有自己开发的技术和知识。这种通过聚集而获得的外部规模经济利益是地理上分散布局的产业所不能获得的。

马歇尔认为劳动力市场共享（labor market pooling）是造成经济活动聚集的基本因素。他在《经济学原理》中指出，由于信息不能充分流动，雇主和劳动力之间的交易往往需要付出巨大的搜寻成本，而在一个共享的“劳动力池”中，“寻找就业机会的人很自然地去有许多需要他们技术的雇主那里，一个孤立的工厂主，即使他可以很容易雇到大量的一般劳动，……雇主们往往到能找到他们所需要的具有优良的专门技能的工人的地方去，同时，寻找职业的人自然到有许多雇主需要他们具有的技能的地方去”。马歇尔得出的结论是，对专门劳动的需求与供给促进了工业在地理上的聚集。

其次是附属产业的成长。附属产业可以理解为关联产业，可以为其他产业提供中间产品。附属产业的发展可以提高机器和员工的使用效率，“附属行业在附近成长起来了，为产业中心提供工具和材料，组织交通，在许多方面有利于经济地使用原料。在一个有许多同类生产活动聚集的地方，即使该行业的个别资本不是很大，高价值机械的使用有时也能达到很经济的程度。因为每一个附属产业虽然只服务于生产过程中一个很小的分支，但它为附近的许多产业工作，降低了专用机械的使用费用……”。

技术外溢（Echnology spillover）是马歇尔论述的关于聚集经济的第三个重要原因。马歇尔认为：产业在特定地区的聚集有利于新知识、新技术在聚集的企业之间传播和应用，因为信息在当地流动比远距离流动更容易，这样就产生了后来的经济学家所谓的技术外溢效果。产业的聚集使得“行业的秘密变得不再是秘密，而成为众所周知的事了……优良的工作受到正确的赏识。对于机械、流程和企业一般组织上的发明和改进，因其所取得的成绩，将迅速地为他人所研究。如果一个人有了新思想，就会为别人所采纳，并与别人的意见结合起来，因此它又成为新思想之源泉”。

马歇尔的关于产业集群的三因素分析，成为后来的经济学界研究产业集群现象内在机制的重要理论基础，并被加以广泛引用。

（三）集聚经济理论

最早对集聚经济进行论述的是工业区位论的创始者阿尔弗雷德·韦伯（Alfred weber，1909）。韦伯认为，产业集聚的一般原因是多个工厂集中在一起与各自分散时相比，能给各工厂带来更多的收益和节省更多的成本，所以工厂有集中而获取集聚经济的动力。而集聚经济又体现在“能够给工厂带来收益或节省成本，如专门的机器修理厂、靠近的原料供应点、大规模的劳动市场、公用设施、道路等都有助于生产成本的节约”。韦伯将以上影响工业区位的经济因素称之为区位因子。企业将区位因子合理组合以获取集聚经济。韦伯将区位因子分为集聚因子和分散因子。所谓集聚因子，就是一定量的生产集中在特定场所带来的生产或销售成本降低；而分散因子则是随着消除这种集中而带来的生产成本降低。他认为集聚可以分为两个阶段：第一个阶段仅通过企业自身的扩大而产生集聚优势；第二个阶段是各个企业通过相互联系的组织而集中化，形成最重要的高级集聚阶段，这就是所谓的产业集群。

韦伯认为，一个工厂规模的扩大能使工厂平均成本下降，若干个工厂集聚在一个地点更能给各个工厂带来更多的收益或节省更多的成本，所以工厂有集聚的愿望。韦伯在研究运输、劳动力成本的区位选择时，强调集聚经济的作用。简而言之，就是认为企业聚集产生的效益大于在分散状态下各企业所产生效益的总和。韦伯把集聚经济的产生原因归结为四个因素：第一个因素是技术设备的依存。随着技术设备专业化的整体功能加强，技术设备相互依存会促使地方集中化，实现集聚经济。第二个因素是劳动力组织的发展。韦伯把一个充分发展的、新颖的、综合的劳动力组织看作是一定意义上的设备，由于其专业化，因而促进了集聚经济。第三个因素是市场化因素。韦伯认为这是最重要的因素。产业集群可以最大限度地提高批量购买和出售的规模，得到成本更为低廉的信用，甚至“消灭中间人”，从而降低整个市场的交易成本。第四个因素是经常性开支成本。产业集群会引发煤气、自来水等基础设施的建设，从而减少经常性开支成本，从公共产品的角度获取集聚经济利益。

胡弗（Hoover）在其 1948 年出版的《经济活动的区位中心》一书中，也将集聚经济视为生产区位的一个变量，并将产业集群产生的规模经济定义为某产业在特定地区集聚体的规模所产生的经济。胡弗区别了区位化经济和城市化经济，他认为与群体规模有关的外部性经济不仅与购买方面的因素有关，而且也包括成本与供应问题，这涉及群体经济内专业化经济的外部性及群体内每一产出总平均成本的下降。所以，他将任何活动的规模经济分为三个等级：第一是与单个单位规模有关的经济；第二是与单个公司规模有关的经济；第三是与处于单一区位的活动集聚规模有关的经济。他将第三种规模称之为群体经济。

韦伯和胡弗对集群的研究同区位理论中的其他内容一样，是一种脱离了实际的“纯理论”，脱离了一切制度、社会、文化、历史因素，单纯从资源、能源的角度加以考察，结论缺乏现实性。在实际经济生活中，产业集群的形成在相当程度上决定于地区的社会文化因素，韦伯却将其忽略了。

克鲁格曼则通过其新贸易理论，发展了以收益递增为理论基础的集聚经济观点。他在 1991 年美国《政治经济学季刊》上发表的《收益递增与经济地理》（第 99 卷，第 3 期）是一篇具有影响和代表性的重要文献。克鲁格曼以规模报酬递增、不完全竞争的市场结构为假设前提，在迪克西特 - 斯蒂格利茨模型(Dixit-Stiglitz Model，简称 D-S 模型）的基础上，提出产业集聚是由企业的规模报酬递增、运输成本和生产要素移动通过市场传导的相互作用而产生的。其模型的基本框架是，假设有两个地区与两个部门，一个地区的农业部门是报酬不变、产品同质的，另一地区的制造业部门是报酬递增、产品具差异性的；其中两部门使用的生产要素都是劳动力，同一地区内的农民不能向制造业部门流动，但制造业部门的工人却可以实现跨地区的在同一部门内流动。从而证明制造业（工业）活动倾向于空间集聚的一般性趋势，并且集聚的产业和集聚的区位都具有“历史依赖”性。在克鲁格曼之后，藤田昌久(Fu—jita)、维莱伯(Venables)、奥塔维诺（Ottaviano）、帕卡普伽（Puga）等做了进一步的研究，得出了新经济地理学派的经典理论：集聚在一个区域的厂商越多，当地生产的产品种类就越多，在消费者多样性偏好和正的运输成本假设之下，该地区工业品价格指数更低，这样会吸引更多的工人到这个区域，工人数量的增加提高了对差异产品的更大需求，吸引了更多的厂商搬迁到该地区，如此良性循环形成经济活动的非均衡分布、出现经济活动的集聚区域。在克鲁格曼创立的“中心—外围”模型中，集中（向心）因素基本上是马歇尔所言的产生地方化外部性的三个方面，即劳动力共享市场、中间投入品的供给和技术外溢。运输成本和劳动力的流动性是补偿空间聚集或分散的关系因素；运输成本越低，劳动力越具流动性，聚集因素就会超过分散因素；反之，则呈现相反的结果。

克鲁格曼的两区模型为后人研究产业集聚提供了实证分析的依据，报酬递增、运输成本和生产要素流动成为影响产业集聚的重要因素，并且把地区经济的研究与竞争、国际贸易等问题结合起来，是产业集聚研究的重大创新。克鲁格曼提出的“历史依赖”说明集聚的区位选择可能是“偶然”，告诫我们在集聚的萌芽阶段，政府过多地干预或者强行推动集聚区的形成可能是无效的。但是，克鲁格曼认为“集聚是建立在简单的金钱外部性基础上的集聚”，忽视了技术外溢的作用。

（四）地域生产综合体和增长极理论

苏联经济学家科洛索夫斯基把地域生产综合体定义为：在一个工业点或一个完整

的地区内，根据地区的自然条件、运输和经济地理位置，恰当地（有计划地）安置各企业，从而获得特定的经济效果，这样的一种各企业间的经济结合就称为生产综合体。因此，地域生产综合体具有聚集性质。苏联地域生产综合体建立在传统的计划经济体制基础上，具有集中人力、物力、财力办大事的优势，综合体的建设完全是由国家投资完成。苏联学者认为，地域生产综合体由一些具有不同功能的部门组成：①经营类，即体现地域生产综合体发展方向的专业化企业，是综合体的核心；②关联类，即与专门化企业由前向后向联系的企业；③依附类，即利用专门化企业的废料进行生产的企业；④基础设施，即为各类企业提供一般性生产条件的多种措施，包括生产性基础设施、社会性基础设施和结构性基础设施。地域生产综合体的组成结构表明，它是一种典型的产业聚集，聚集的核心是专业化企业，围绕这一核心的是关联企业、依附类企业，企业之间具有生产的投入产出联系，企业共享各类基础设施。在产业综合体中，自上而下形成集聚的特征非常明显。

增长极理论最初由法国经济学家佩鲁（Francois Perroux）提出，后来法国经济学家布代维尔（J. B. Boudeville）、美国经济学家弗里德曼（John. Frishman）、瑞典经济学家缪尔达尔（Gunnar Myraal）、美国经济学家赫希曼（A. O. Hischman）分别在不同程度上进一步丰富和发展了这一理论。

1950 年，佩鲁提出“经济空间”的概念，他认为经济空间是“各种不同关系的集合”，是“抽象关系的构成体”。

佩鲁认为，20 世纪的经济是以支配效应为特征的，因此，运用经济支配理论，抛弃了经济均衡的基本理念，他企图捕捉到一种“可见的经济增长”。“这种可见的经济增长并不像均衡增长模式那样平稳而有规律，而是以结构变化为特点的。在一个时期内，各种产业此长彼消，在总产值中比例变化”。他还认为，不同的产业有不同的增长率，一种产业的增长能扩散到其他产业。

为了分析支配效果产生的非均衡经济增长，佩鲁引入了“推动性单位”（propulsive unit）及“增长极”（Growth Pole）概念。所谓推动性单位就是一种起支配作用的经济单位，当它增长或创新时，能诱导其他经济单位增长。推动性单位可能是一个工厂，或是同部门内的一组工厂，或是有共同合同关系的某些工厂的集合。“如果一个有支配效应发生的经济空间被定义为力场，那么位于这个力场中的推动性单位就被描述为增长极”“增长极是在特定环境中的推动性单位”“它是和周围相联系的推动性单位”。

佩鲁 1955 年发表的一篇论文中，曾经集中讨论了对经济增长产生诱导作用的一系列相关产业的特征，结果发现两个明显的特征，一是寡头垄断的市场结构，一是空间集聚。从这条思路出发，1966 年，布代维尔把增长极定义为位于都市内的正在不断扩大的一组产业，它通过自身对周边的影响而诱导区域经济活动进一步发展。从此，以布代维尔为代表的区位理论就把增长极理解为相关产业的空间集聚，由经济增长概念变成了地理空间术语，并不断流传而被固定化。增长极概念被移植转化后，被称为增长极理论。

根据布代维尔的观点，推动性产业能够导致两种类型的增长效应：一是列昂惕夫乘数效应，通过现有部门之间的相互关系来发生；二是极化效应，当推动性产业生产的增加导致区域外的其他活动产生时，这种效应发生。极化效应所导致的区域外的其他活动可能是推动性产业的投入品供给活动，也可能是推动性产业的产出品需求活动。因此，当政府将某种推动性产业植入某一地区后，将产生围绕推动性产业的集聚，再通过乘数效应以及极化效应，导致地区的增长。

增长极理论的主要观点可归纳如下：主导部门和有创新能力的企业，在某些地区或大城市集聚发展而形成的生产、贸易、金融、科技、人才、信息、交通运输、服务、决策等经济活动中心恰似一个“磁极”，能够产生较强的吸纳辐射作用。它不仅加快了自身的发展，通过向外扩散还带动了其他部门和所在地区及周边地区的经济增长。“增长极”具有“支配”效应和“创新”的特点，对周围地区发生“支配”的作用、吸引和扩散的作用、技术的创新和扩散作用、资本的集中和扩散作用、获取巨大规模经济效益的作用、产生集聚经济效果的作用，增长极的出现，使人口、资本、技术、贸易、信息等要素高度集聚，产生城市化倾向，形成经济区域。

从增长极理论可以看出，一个地区要想促进经济增长，关键是在本地区内建立起一系列的推动性产业。而推动性产业的建立，则完全依赖于政府的力量，“嵌入”表明了依靠国家政策或地区政策，自觉地建立推动性产业的过程。增长极理论倡导通过政府干预形成产业集群，促进地区经济的发展。它将政府在产业集群形成、发展过程中的作用放大。采用增长极战略需要一定的前提条件，即必须以发达的地区经济为依托，而这往往是不发达地区所不具备的。

二、发展动态

（一）新产业区理论

意大利学者巴格纳斯科（Bagnasco）在 1977 年首先提出新产业区的概念，认为新产业区是具有共同社会背景的人们和企业在一定自然地域上形成的“社会地域生产综合体”。巴卡蒂尼（Becattini）在 1990 年进一步指出，新产业区是一个社会和地域性的实体，它由一个在自然和历史所限定的区域中的人和企业集合的特征决定。新产业区的首要标志是本地化网络，也就是区域内行为主体之间的正式合作联系以及其在长期交往过程中所发生的非正式交流关系。

区域产业集群就是这样的产业区，它一经形成就具有难以复刻的各种特性。一是因企业集聚而形成的高度专业化分工。新产业区理论强调了产业区内部企业通过高度专业化分工或转包合同结成一种长期的稳定关系。而这种稳定的关系是基于企业之间的依赖和信任而形成的。二是本地结网。这是新产业区的核心内容，网络是指区内行为主体，包括企业、大学、科研机构、政府机构等，有选择地与其他行为主体进行长期正式或非正式的合作，在此基础上所结成的长期稳定关系。三是植根性。一般来讲，企业的竞争力取决于国家环境，但更取决于企业所在的区域和地方环境，任何经济活动都离不开当地的社会文化环境。四是行为主体的对称关系。在新产业区各企业都是相对独立、平等的，没有支配和依附关系，都以平等的地位参与本地结网。

区域和地方环境是一种文化力，在这种文化力的推动下，供应商——制造商——客商三位一体，在地理上尽可能接近，有利于使研究、开发、生产、销售的信息及时反馈，减少交易费用。当代复杂的技术系统（例如信息、生物工程、交通、能源等系统）的建立都需要扎根于当地的社会文化，接近目标用户，考虑当地原有技术的基础和联系的界面，适应当地的法律和行政法规，建立标准和规范。因此，有活力的社会文化环境保证了经济活动和技术创新的持续发展。

新产业区的概念虽然是巴卡提尼提出的，但真正使这一理论引起关注的却是在皮奥勒（Piore）和撒贝尔（Sabel）的弹性专精理论提出后。他们二人在合著的《第二次产业分工》一书中首次对 19 世纪的产业区再现的现象进行了重新解释，并提出了这种发展模式的特点是弹性专精（Flexibility plus Specialization）。

皮奥勒和撒贝尔认为，以弹性专精为基础的产业集群具有以下特点：一是柔性加专业化。所谓的柔性是指通过生产要素的再配置不断改变生产过程；专业化指这种资源的再配置是在有限范围内进行的，因为进入某一产业界的企业都认为"它们的行业"是生产此领域内的产品而不是其他领域的产品。二是限制进入。一旦形成产业集群区，则区外的生产者无法享受区内的各种资源及制度性供给。三是鼓励创新和竞争，但限制过度竞争。因为恶性竞争（如工资等工作条件的竞争）会阻碍技术进步。

新技术革命以后，随着后工业化和信息经济时代的到来，新产业区等理论对于产业集聚或集群的解释正式进入了现代产业集群的范畴。学者们对新产业内的企业从生产方式、企业间的非物质联系、产业区内参与主体的地位等各方面提出了与产业区不同的认识。可以说，新产业区理论的确立是产业集群理论正式进入了现代产业集群理论范畴的标志。

（二）新制度经济学理论

科斯（Coase）于1937年提出了交易费用的概念，认为企业作为价格的替代物而产生。威廉姆森（Williamson）于1975年和1985年在其分别出版的《市场与科层》和《资本主义经济制度》两本名著中，界定了交易费用分析方法，用不确定性、交易频率和资产专用性解释了经济活动的体制结构，提出了“中间性体制组织”的概念。所谓“中间性体制组织”，是指介于纯市场组织和纯层级组织之间的组织形式。这些组织的存在，是组织本身从效率或称“生存能力”角度内决定的。

根据制度经济学的理论，产业集群是介于纯市场组织和纯层级组织的中间性组织形式，其产生的目的是使交易成本最小化。由于交易成本的存在，企业有一种不断将相关企业一体化的倾向，以通过规模经济来降低交易成本。但当一体化达到一定程度后又会产生规模不经济，因为企业为维持其组织的完整性，需付出昂贵的组织成本。因此，企业开始尝试不把所有的企业都一体化，而是通过资金、技术或是人员等纽带与某些企业保持较为紧密的联系，这样就逐渐形成了产业集群。产业集群的成员企业在节约交易成本的同时，仍在一定程度上享有一体化组织的规模、范围和分散风险的经济性。它比市场稳定，比层级组织灵活。这一组织形式通过企业之间的分工与协作、交流与沟通，致使交易成本的降低，达到追求区域范围经济的目的。

新制度经济学的观点具有一定的局限性，中间性组织并不能完全解释产业集群的形成机理和发展的内在机制的作用。因为一个较为成熟的产业集群内部结构涉及众多因素，如群内明显存在技术扩散、非正规学习、合作竞争等共生机制，这些绝不是只用“中间性”组织的概念就能阐述清楚的。

（三）新经济社会学理论

新经济社会学有三个基本主题：根植性、社会网络和制度。它从一种新的理论视角，把社会结构引入分析之中，并发展了根植性、经济的社会结构、网络理论等思想，从而在经济决策中，充分考虑到社会、文化、权力、制度、社会结构等因素的影响，把经济学和社会学较好地结合起来。

格兰诺维特（Granovetter）在1985年比较完整地提出了根植性的概念。他指出，经济行为是根植于网络与制度之中的，这种网络与制度是由社会构筑并具有文化意义的。通过企业在本地的扎根和结网所形成的地方聚集，可以使企业构筑起交流与合作的系统，从而增加企业的竞争力。之所以如此，是因为依赖于人际信任关系的社会网络可以超越企业的边界，使企业的社会互动在某种程度上强于其原有状态。其主要理由：

一是以信赖为基础的社会网络中的企业有强烈的合作愿望以共同承担风险，减少机会主义行为的产生；二是企业间的关系相对稳定，不容易出现报复行为；三是企业间有着共同的利益，容易采取一致行动达到共同的目标。

新经济社会学派的“根植性”概念较好地解释了企业集群的社会文化因素和当地产业氛围的作用，强调了学习型网络的重要性。然而有研究表明，“根植性”在集群形成的初期作用较大，当集群发展到一定阶段以后，较强的“根植性”甚至会影响集群向更高层次发展。例如，基于产业集聚的特色工业园区在发展的初期，需要根植性的行为嵌入到当地的经济中，但当园区走向市场化、国际化时，为避免路径依赖效应的负面影响，又要减少根植性行为。

该学派理论的特点可归纳为以下几个方面：

（1）重视企业之间的依赖关系。企业只是从生产和服务过程中截取某些阶段从事分工活动。这些活动包括研究、开发、制造过程的各个阶段、营销等。企业从事分工活动的范围取决于它的能力，它从事与它的能力相适应的活动，而把其他活动留给市场。由于企业所从事的只是某种分工活动，所以它的活动从来不是孤立的，而是与其他企业相互依赖的，企业间的活动是互补的。相互补充的活动在企业之间需要协调，特别是那些互补性紧密的活动。企业不可能拥有所必要的全部能力，其结果是需要企业间各种各样的组织安排，如许可证、合资或者证券投资等。

（2）强调区域资源优势。从资源依赖的观点出发，强调企业为了获得和保有资源，必须与环境产生交互作用。企业控制各种资源最直接的办法是通过并购获得内部增长，但内在化因为成本太高、法律限制或降低了企业灵活性而显得不必要、不可能。如果资源依赖是偶然的、短期的，或者是通过信任可以获取资源，则不一定要内在化，因而企业间活动需要复杂多样的组织安排。企业间的市场关系可以看成一种网络结构。由于每个企业分别从事生产和服务过程中某个阶段的工作，分工创造了企业相互依赖的网络，在网络中企业间需要协调，但是这种协调不同于政府计划或者企业等级内的协调，也不能只靠传统市场模型中的价格机制。网络结构需要建立在企业长期交换关系的基础上，只有这样，才能获取所需的外部资源，并有效地培育和扩大产品的市场。企业间相互依赖的网络对企业行为具有约束力。企业相互依赖和长期关系有多种安排，有效地降低交易和生产成本，推动技术的联合开发，控制相关企业，或者成为进入其他产业领域的桥梁。

（3）将影响规制结构的三要素引入集群网络分析中。把影响规制结构的三要素——不确定性、交易频率和资产专用性与资源依赖的观点结合起来，并用特定资源依赖替代资产专用性。在内在化成本低和行为主体之间的信任程度低的情况下，不确定性、交易频率和特定资源依赖程度较高，这些资源依赖较可能由企业看得见的手所协调；在较低的外在成本情况下，不确定性、交易频率和特定资源依赖程度较低，这些资源依赖较可能采用市场看不见的手的方式协调；在较低的召集成本和较高的内在化成本或者行为主体之间信任程度高的情况下，不确定性、交易频率和特定资源依赖程度较高，资源依赖的协调较可能由作为企业间契约的网络来达成。

（四）区域创新理论

熊彼特（J. A. Schumpeter）在 1934 年提出了经济创新的思想。后来，技术创新分为两条路线：一是以技术变革和技术推广为研究对象的技术创新论；二是以制度变革和制度推进为研究对象的制度创新论和产业集群相关的区域创新理论属于制度创新范畴，其主要由“区域创新环境”“区域创新网络”“区域创新系统”三个理论分支组成。

1. 区域创新环境

欧洲 GREMI（European Research Group on Innovative Mi-lieu）小组 1995 年从创新环境理论角度对欧洲产业区进行了研究。该小组的主要概念是社会文化环境，这个概念把产业的空间集聚现象与创新活动联系在一起。创新环境从广义上指的是产业集群所在当地的社会文化环境，而一般是指集群所在地促进创新的各种制度、法规、实践等所构成的综合系统。环境是一种区域发展的基础或背景，它使创新性的机构能够创新并能与其他机构相互协调。而这种创新的环境来源于聚集在一起的企业的协同作用和集体效率，这样企业聚集能使各企业共享单个企业无法实现的大规模生产和技术以及组织创新的好处。

创新环境理论认为产业的本地化包括提升整个社区的技术和提高专业化水平，提供充足的高素质劳动力，增加辅助的贸易和专业化服务，满足众多公司的需求，为采用更加专业化的机械创造条件。企业集聚使大家可以共享单个企业无法实现的大规模生产和技术、组织创新的好处。不过，相对于马歇尔强调企业家个人主义的自由发展，反对政府干预的倾向，创新环境研究则更强调产业区内创新主体的集体效率（collective efficiency），强调创新行为的协同作用，并把创新网络和集体学习的概念应用到公共管理政策中去。

2. 区域创新网络

在区域创新环境理论的基础上，西方学者提出了群的核心假设，并称之为“创新相互以来假设”。该假设认为，创新倾向于通过经济网络的前向和后向联系群聚在一起，网络的密切程度与企业创新息息相关。该假设的另一种表述认为，当代的公司几乎没有能够单独进行创新的，如果通过客户、供应商和知识生产部门之间的密切交往和知识交流，可以大大加强公司的创新。

3. 区域创新系统

在创新系统的研究中，以内尔森（Nelson）为代表的国家创新系统理论在国际上产生了很大的影响（Nelson，1993）。国家创新系统理论指出，技术创新和传播需要大量相关部门和制度的支持，在创新和学习中除了正式的机构和制度之外，各种非正式的文化、习惯等也在影响着知识的积累和传承过程，这在具有较高内部认同的区域显得更明显。国家创新系统强调各种正式的机构和制度，如大学、科研机构、金融机构、法律制度和社会管理体制等在区域创新环境方面的重要性。最近的研究指出，国家创新系统只是创新系统的一个层面，事实上，还存在着不同尺度，包括区域内、区域间，以及跨国多层面的创新系统，各种创新系统中正式的制度、机构与非正式的习俗、惯例，乃至社会文化等因素发挥着重要的作用。在对创新系统的研究中，网络分析是一种方法，用社会学中有关社会网络的概念和方法，可以研究互相联系的不同主体在创新活动中的相互作用。

区域创新系统是创新系统理论运用于区域层次而提出的新概念，意指区域网络各个结点（企业、大学、研究机构、政府等）在协同作用中结网而创新，并融入区域的创新环境中而组成的系统。区域创新系统是由区域创新网络和区域创新环境有效叠加而构成的动态关联系统，该系统具有开放性、本地性、系统性和动态性等特点。该理论还认为，区域是企业的“群”，这些区域由通过合作和竞争联系在一起的企业网络构成，区域经济发展不是潜在利益现象的简单集合，而是系统、有效的整合。

区域创新理论实际上是马歇尔产业区理论中“创新来源于某种无形的氛围”观点的进一步发掘。该理论强调了创新对企业发展的重要性，指出了产业集群追求的不仅仅是企业地理上集中带来的规模经济和范围经济的好处，更是在一种特定的区位环境中企业学习能力的提高。但该理论对创新网络、系统的形成机制和形成过程没有进一步研究。

（五）新经洋地理理论

克鲁格曼首先把产业集聚与国际贸易因素紧密联系起来。他认为，产品的贸易活动实际上间接起到了生产要素贸易的作用，无论生产要素最初的分配状态如何，通过贸易活动，总会使某些产品的生产要素集中于某些工业区。克鲁格曼不承认马歇尔提出的技术外溢的普遍意义，认为这个因素只会在高技术产业领域的产业集聚中产生效应。在新经济地理理论看来，产生经济集聚现象的原因在于：

1. 自然优势集聚力

艾迪森（Ellison）和葛勒塞尔（Glaeser）（1997）通过对美国产业集聚的实证分析得出结论，认为20%以上的产业区域聚集可以用自然禀赋的优势来说明。自然资源优势可以说明种植业、酿酒业、食品制造加工业、运输业、造船业、采掘业与冶炼业等原材料产业的聚集现象。

2. 外溢集聚力

外溢即区位外溢，是指某一企业的建成将降低其他企业的成本或提高它们的竞争力的现象，包括物理外溢（比如一家企业的建成降低了第二家企业的运输成本）和智力外溢。智力外溢可以较好地解释高技术产业大量聚集于大学或研究所附近的现象，如北京中关村高新技术产业集聚等。物理外溢在制造产业中的存在较为普遍。

3. 人文集聚力

人文关系会产生信任和声誉，构成契约交易的补充。本书认为人文聚集力在与文化有关的产业如文体娱乐（戏曲、歌舞、项目等）、古迹名胜、旅游、传统手工艺品和饮食等的聚集中起了决定性作用，日常所讲的“茶文化”“酒文化”“饮食文化”等都具有浓厚的地方色彩，其产品或工艺也只局限于该地区的某一个小区域内，离开了特定的区域就无所谓“特”了，这是由人文聚集力的引力场决定的。

（六）竞争优势理论

迈克尔·波特（1990）的《国家竞争优势》一书的出版把产业集群理论的研究推向了新的高峰，在该书中也正式出现了产业集群（Industrial Cluster）一词。波特的研究是围绕产业集群为获取竞争优势而展开的，并提出了著名的“钻石模型”。

“钻石模型”的构架主要由四个基本的要素（要素条件、需求条件、相关及支撑产业、企业的战略、结构与竞争）和两个附加要素（机会和政府）组成。具体来说，这六个要素含义如下：

1. 要素条件

波特将生产要素划分为初级生产要素和高级生产要素，初级生产要素是指天然资源：气候、地理位置、非技术工人、资金等，高级生产要素则是指现代通信、信息、交通等基础设施，以及受过高等教育的人力、研究机构等。波特认为，初级生产要素的重要性越来越低，因为对它的需求在减少，而跨国公司可以通过全球的市场网络来取得。高级生产要素对获得竞争优势具有不容置疑的重要性。高级生产要素需要先在人力和资本上大量且持续地投资，而作为培养高级生产要素的研究所和教育计划，本身就需要高级的人才。高等级生产要素很难从外部获得，必须自己来投资创造。波特同时指出：在实际竞争中，丰富的资源或低廉的成本因素往往造成没有效率的资源配置。另一方面，人工短缺、资源不足、地理气候条件恶劣等不利因素，反而会形成刺激产业创新的压力，促进企业竞争优势的持久升级。一个国家的竞争优势其实可以从不利的生产要素中形成。

2. 需求条件

需求条件主要是本国市场的需求，国内需求市场是产业发展的动力。国内市场与国际市场的不同之处在于企业可以及时发现国内市场的客户需求，这是国外竞争对手所不及的，因此波特认为全球性的竞争并没有减少国内市场的重要性。波特指出，本地客户的本质非常重要，特别是内行而挑剔的客户，他们迫使企业满足高标准的需求。如果国内购买者是世界上对该产品最有经验、最挑剔的购买者，那么，这种产业就有望获得国家竞争优势。

3. 相关和支撑产业

一种产业获得国家竞争优势，是由于本国具备国际竞争力的相关支撑产业的存在，也就是原材料和零部件、机械和服务，以及相关的产业的本地供应商是否缺乏或有压力。当有集群存在，而不是企业或产业孤立的时候，生产率高，生产率增长快。国家竞争优势产业往往是在某些区域内成组产生的。国内世界级的产业不仅使其前后联系的产业获利，而且会把它们推向世界，以造就世界级上下游产业。一旦产业集群形成后，一个产业内部的竞争会蔓延到另一个产业的内部；一个产业在研究与开发、引进新技术和采取新战略等方面的努力都会促进另一个产业的创新与升级。集群内的信息迅速流通，供应者或消费者通过多种渠道和竞争对手接触。产业间的相互联系往往是不可预料的，但它有助于企业感知竞争的新方法和新机会，保持产业的先进性，克服惰性。成组的相关支撑产业的地理集中，并不是“自给自足”，在不影响产业产品的创新和性能的前提下，厂商可直接迅速地从国外获得原料、零件和技术。

4. 企业战略、结构与同业竞争

波特指出，推进企业走向国际化竞争的动力很重要。这种动力可能来自国际需求的拉力，也可能来自本地竞争者的压力或市场的推力。创造与持续产业竞争优势的最大关联因素是国内市场强有力的竞争对手。波特认为，这一点与许多传统的观念相矛盾，例如一般认为，国内竞争太激烈，资源会过度消耗，妨碍规模经济的建立；最佳的国内市场状态是有两到三家企业独大，用规模经济和外商抗衡，并促进内部运作的效率化；还有的观念认为，国际型产业并不需要国内市场的对手。波特指出，在其研究的 10 个国家中，强有力的国内竞争对手普遍存在于具有国际竞争力的产业中。在国际竞争中，成功的产业必然先经过国内市场的搏斗，迫使其进行改进和创新，海外市场则是其竞争力的延伸。而在政府的保护和补贴下，放眼国内没有竞争对手的“超级明星企业”通常并不具有国际竞争能力。

5. 机会

机会是可遇而不可求的，机会可以影响四大要素发生变化。波特指出，对企业发展而言，形成机会的可能情况大致有以下几种：基础科技的发明创造；传统技术出现断层；外因导致生产成本突然提高（如石油危机）；金融市场或汇率的重大变化；市场需求的剧增；政府的重大决策；战争。机会其实是双向的，它往往在新的竞争者获得优势的同时，使原有的竞争者优势丧失，只有能满足新需求的厂商才能有发展“机遇”。

6. 政府

波特认为政府在国家竞争优势中的真正作用在于它影响四个基本要素，即它可以对这四者之中的每一个因素产生积极或消极的影响，从而对产生竞争优势的过程产生积极的或者消极的影响。这种影响是非常重要的，尽管其作用是有限的。波特指出，从事产业竞争的是企业而非政府，竞争优势的创造最终必然要反映到企业上。政府能做的只是提供企业所需要的资源，创造产业发展的环境。政府只有扮演好自己的角色，才能成为扩大体系的力量，政府可以创造新的机会和压力，政府直接投入的应该是企业无法行动的领域，如发展基础设施、开放资本渠道、培养信息整合能力等。

波特指出，地理集中是充分发挥要素作用、实现竞争优势的必要条件。地理集中而形成的产业集群将使四个基本要素紧密结合成一个整体。在这个整体中，所有企业在竞争与合作中提高自身生产率，从而形成产业区域、国家竞争优势。波特在其竞争优势理论中指出，国家竞争优势的获得，关键在于产业的竞争，而产业竞争优势的实现往往依靠具有竞争力的产业集群。

波特认为，产业集群是指在某一特定领域内互相联系的、在地理位置上集中的公司和机构的集合。产业集群包括一批对竞争起重要作用的、相互联系的产业和其他实体。在波特看来，集群包含了一系列相联系的产业和其他对抗竞争的主体，与其他组织一样，它有一个产生、演化和消失的过程。

波特认为，可以将跨越产业和机构的各种联系和协同性定义为集群边界，它对竞争来讲是至关重要的。虽然集群通常以政治为边界，但它们也有可能超越州的边界甚至国界。产业集群既促进竞争又促进合作。竞争对手为取胜和留下客户，要进行激烈的竞争。如果没有激烈的竞争，集群就会走向失败。与此同时，竞争对手也会有合作。这种合作大多数是垂直的，介于相关产业中的公司和本地机构中。竞争与合作能够并存是因为它们发生在不同的领域，发生在不同的参与者身上。

产业集群在空间布局上被赋予一种新的组织形式，这种形式一方面处于保持距离型的市场之间，另一方面又处于等级或垂直一体化之中。产业集群是组织价值链的备选方式，与分散、随机的买者和卖者之间的市场交易比较，它使公司和机构在地理位置上具有相近性，它们之间的重复性交换有利于更好的协作和信任。因此，同一产业集群缓解了产生于“保持距离型”关系中的各种问题，而没有给垂直一体化或创造、维持诸如网络、联盟和合作伙伴关系等正式联结的管理带来不便。一个由相互独立而又非正式联盟的公司和机构组成的产业集群，代表着一种富有活力的组织形式，这种形式具有效率高、有效性和灵活性方面的优势。

波特认为，产业群通过三种形式影响竞争力：一是通过提高该领域公司的生产力来施加影响；二是通过加快创新的步伐，为未来生产力的增长奠定坚实的基础；三是通过鼓励新企业的形成，扩大并增强产业群本身来影响竞争。波特以硅谷和奥斯汀的计算机产业集群为例，说明集群的企业通过创新可以获得比其他企业更明显的竞争优势。

波特还对产业集群的形成地进行了研究。他认为在发展中国家，大部分经济活动都是以首都为中心而展开的。这主要是因为外围地区通常缺乏必要的基础设施、机构和供应商，中央政府在控制竞争方面的干预功能也集中反映在中心地区。这将导致公司会选择将地点设立于有权批准公司经营活动的职权部门及机构的附近地区。这种经济地理模式将导致生产率的高成本、拥挤、瓶颈以及缺乏灵活性，导致过高的管理成本和低效率。然而，公司无法从中心地带转移出来，因为在小城镇既无必要的基础设施又无初具雏形的集群。然而，即使在经济发达的国家，经济活动也可能在地理位置上过于集中。

（七）最新研究动向

由于集群类型的多样性，很难用统一的理论对其进行描述。近年来，集群研究方向明显地偏于实证研究。在实证研究上有两个趋势。第一个趋势是运用已有的理论，特别是波特的竞争力理论去分析地方集群的情况。例如，盖伯瑞（Gabriel，2003）等用波特的模型对挪威海运部门分析，得出与传统相反的观点，认为挪威的海运部门仍然具有竞争力。海森 - 车莱（Hsien-CheLai，2005）等在波特钻石模型基础上分析HSIP 和 ZJHP 在四个要素方面的区别。第二个趋势是收集区域集群的相关数据或案例来分析集群内的要素（如关系根植性、产品差异化、知识溢出、技术溢出等）的影响，这一趋势同集群的理论探讨联系在一起。如艾利莎（Elisa，2005）等考查了企业吸收能力对集群内知识系统功能的影响与外部知识联系对集群的影响。

在理论研究方面主要集中于集群如何在全球价值链中升值、集群内的学习机制和动力、制度对集群的影响、集群的合作关系、经济增长与产业集群的关系以及集群的社会资本等方面。

史密茨（1995）的“集体效率”的提出使人们走出了马歇尔的“外部经济”的影子，认识到外部经济和共同行动决定着集群的竞争力，后来的学者们逐渐把集群的合作、集群的网络关系作为研究重点。在经济全球化的背景下，企业经常同时参加集群和全球价值链，因为两种组织形式同时提供学习和提高培育竞争力的机会。集群的升级涉及本地化网络和全球联系网络，研究者把克鲁格曼（Krugman）和波特未分析的、在新产业区理论和社会关系网络理论中已分析但有待扩展的地域特性和文化特性纳入分析的主线。

互联网的出现也为集群的研究打开了新的空间，已经有学者研究在网络条件下，集群如何降低交易成本、给集群带来机会、对集群社会文化的冲击等，如纳然（Nunzia，2005）对意大利的情况进行的考察。

关于集群的合作关系的研究也是一个较新的研究领域。卡罗斯·奎卡（Carlos·uandt，2000）认为，创新群和合作网络是促进区域发展，提升创新能力和区域竞争力，缩小空间和社会不均衡的主要工具。斯得玛（2002）分析了产业集群内企业合作的模式，研究企业合作的典型障碍，探讨了如何消除文化对合作的不利影响，提出了通过企业合作来创造创新环境，从而提高产业集群的创新能力和竞争优势的观点。

产业集群理论的新增长学派研究的是经济增长与产业集群的关系，这一理论从知识内生和知识扩散的角度研究产业集群。马丁和奥塔维诺（Martain&Ottavi-ano，2001）综合了克鲁格曼的新经济地理理论和罗默的新增长理论，建立了经济增长和经济活动空间集聚的自我强化模型，证明了区域经济活动的空间集聚由于降低了创新成本而刺激了经济增长。安松·J. 维莱伯（Anthong·J .Venables）和尼科拉斯凯弗（Nicholas Craft）（2001）利用新经济地理学理论，探讨了地理集聚对经济绩效、规模和区位的重要作用，从地理角度回顾了欧洲的衰落、美国的危机，预测了未来亚洲的复兴，认为尽管缺乏高质量的制度是落后的重要原因，但是不能忽视地理集聚在经济发展方面的重要作用。

近年来，西方一些学者开始从社会资本的角度研究产业集群，认为信任、互惠、人际网络、合作和协调可以被看成是调节人们交往和产生外部性的民间社会资本（Meier 和 Stiglitz，2001）。葛如弗（Grootavert）和巴斯特莱（Bastelaer）（2002）为社会资本提供了三类替代性指标：地区网络或团体成员、信任和规范指标、集体行动指标。扎克（zak）和奈克（Knack）（2001）提供了一个异质群体交易面临的道德风险问题的一般均衡模型，认为低的信任环境会降低投资率和增长率，而高的信任对经济增长具有促进作用。他们对跨国公司的实证分析支持了该模型的结论。根据社会资本理论，企业之间隐含的合同实际上是信任的替代品。通过暗含合作互利的假设前提来说明个人理性和社会理性的和谐、个人系统和社会利益的统一。

近年来，产业集群政策方面的研究也是西方学者较为关注的领域。大卫（Da. rid，2003）等认为，任何一项集群政策应该具有三个层次紧密联系的属性：其一是企业层次，即能为集群内的企业创造价值；其二是集群的组织层次，即能促进集群整体增长并提升其竞争力；其三是区域或国家层次，即能发挥集群效应，带动区域或国家经济发展。大卫等还介绍了集群政策评价的多部门构模方法（multi-scale modelling）。该方法的首要任务是建立数据库、辨识影响集群的各种因素、区分集群内的部门，并建立多个主要指标，如 GDP、失业率、竞争力等，结合 1—0 分析（数据库处理部分），并引入相关因素（如资源、技术变化）的作用系数，结合定性和定量分析方法来评价一定时期（一般是5年、10年或更长）集群政策的表现情况。托马斯（Thomas，2004）等对世界各国的集群政策进行了梳理，并将之分为以下五类：经纪人（或中介机构）政策（Policy broker）、需求方面的政策（demand sidepoli．cies）、培训政策、国际关系促进政策和框架（或环境）政策（frame work policies）。

马歇尔早在 100 多年前提出的产业区理论是现代产业集群思想的雏形。此后，韦伯的区位理论、佩鲁的增长极理论、科洛索夫斯基的地域生产综合体理论从不同的方面丰富了人们对产业集群的认识。但这段时间的研究主要是从运输成本、地理资源等角度解释产业地理集中的，所以，上述各种理论不是严格意义上的现代产业集群理论。

20 世纪 80 年代巴卡蒂尼新产业区理论和皮奥勒、撒贝尔弹性专精理论的提出使产业集群理论又一次引起了人们的关注。而 20 世纪 90 年代迈克尔·波特教授新竞争理论的提出更是掀起了学者研究产业集群、政府利用产业集群政策发展区域经济的热潮。与此同时，新经济地理理论、新制度经济学理论、新社会经济理论和区域创新理论也从不同角度对产业集群进行了深入研究，让西方产业集群学界呈现出百花齐放、百家争鸣的局面。这一时期的研究者们开始从交易费用、社会文化、知识溢出等角度对产业集群进行解释，产业集群理论真正进入了现代产业集群理论范畴。

当前，西方产业集群理论学派众多、研究方法不同、研究角度各异，概括起来，国外产业集群研究主要集中在产业集群的机理、技术创新、组织创新、社会资本、经济增长与产业集群的关系以及基于产业集群的产业政策和实证研究方面。国外学者从不同角度研究产业集群，促进了产业集群理论的发展，研究的结论已成为制定产业政策的依据。但国外的研究大多以研究论文的形式出现，仍然没有形成系统的理论体系，偏重于实证分析和在此基础上的归纳，对于产业集群的研究理论仍落后于实践。

第三节　我国产业集群理论研究现状

在我国，产业集群实践早于理论研究。改革开放以前，由于经济发展水平较低，加之过去计划经济的生产力布局方式，实际上我国没有形成真正的产业集群。在改革开放初期，首先在东南沿海地区，受过去两岸关系的影响，国家没有投资布局大型工业企业，当地工业经济发展水平非常有限。因为没有更多的资本，当地只好利用廉价的劳动力，发挥传统商业或手工艺技术优势，开始搞结合地方特色的中小企业。伴随着企业的发展，一大批特色集镇竞相成长，成为发展地方经济的支柱，初步形成了各具特色的产业集群，并引起浙江、广东有关学者的关注。

一、从内涵和形成原因的角度研究产业集群

20世纪90年代以来，我国学者从不同的角度对产业集群现象的内涵进行了界定，对产业集群形成机制和发展机制、公共政策等问题进行了较为深入的探讨。

最初，产业集群主要指由小企业组成的集群。其思想渊源，来自自然界的植物群落，口语化的“扎堆”。实际上，在波特产业集群理论引进之前，我国已经形成了大批的专业化乡镇或区域，过去曾经叫“块状经济”、“特色经济”、“专业化乡镇”、“一镇一品”、“一村一品”、中心城市的“电子一条街”等。

关于我国产业集群的研究，北京大学王缉慈发表论文较早、较多，而且其研究的重心是创新性产业集群。她认为：“产业集群的创新活力一方面来源于本地企业家精神以及行为主体的互动联系，这些联系又基于对法律规范的遵守，或是对某种文化习俗和人际关系的认同；而知识产权保护制度等制度，宽容的社会环境等都十分重要”。“作为制造业大国，建立以低成本为基础的产业集群（包括高新技术的）是现阶段我国集群发展的主流，在发展过程中大都遇到成本上升、产业转移、贸易壁垒和绿色壁垒等障碍，创新和升级迫在眉睫”。“产业集群不是万能药方，更不能炒作和遍地开花”。“产业集群是在20世纪80年代中期以后在全球产业分工和信息技术革命条件下出现的产业地方化现象，是与产业区理论、区域创新系统理论等新区域主义学说联系在一起的”。“在社会资本不足的地方，特别需要公共政策进行干预，实行产业群战略”。“制度创新是我国实行产业群战略的关键”。“应重视嵌入地方社会网络的集群的力量，而不是把所有赌注下到一些不植入国土的大公司之上”。这些重要观点，为我国产业

集群研究和发展指明了方向。

2001 年，王缉慈在《创新的空间——企业集群与区域发展》中提出：培养具有地方特色的企业集群、营造区域创新环境，强化区域竞争优势是增强国力的关键。国内存在以下五种产业集群现象：沿海外向型出口加工基地；以中关村为代表的智力密集型地区；浙江等地的一些乡镇企业集群；以跨国公司为核心的开发区；以大中型国有企业为核心的老工业基地。

魏守华、石碧华（2002）分析了企业集群的竞争优势，认为企业集群通过地理集中和产业组织优化，通过群体协同效应获得经济要素的竞争优势。厉无畏、王惹敏（2002）认为产业集群化之所以能提高产业的竞争力，是因为产业集群具有共生性、互动性和柔韧性三大特征。此外，他们认为，融合化和生态化也是产业发展的趋势，并指出三大趋势相互独立、相互联系。产业集群的发展动力在于产业效率驱动、科技创新的推动、产业竞争的促进和产业政策的引导。盖文启、朱华晨（2001）的观点与之类似，认为现代经济的发展过程中，柔性专业化中小企业不断涌现，在此过程中，同一产业或相关产业部门中的大量专业化企业通过彼此间密切的生产合作或市场交易网络，在区域空间上形成专业化的产业集聚体。

徐康宁（2001）认为：中国典型的产业集群及集群区的形成与开放经济有着内在的逻辑关系，指出国外的产业集聚一般是生产要素国际化配置的结果，彰显出较强的国际竞争力。而且他研究了当代西方产业集聚理论兴起的缘由和发展状况，指出：中国经济学界更应当研究制度因素，如企业家精神、乡土商业文化、家族制度、政府作用等在中国产业集聚形成和发展中的作用。

金祥荣等（2002）运用新制度经济学的观点，对集群的形成过程、制约因素、创新意义和演化趋势进行了较系统和全面的分析。他们从产权、市场结构、产品、要素市场以及人文环境等方面分析了集群形成发展过程中的制约因素，探讨了小企业集群与产业结构调整和技术创新的关系。康晓华、王丹（2005）在新制度经济学的视角下，分析了集群企业的隐性契约博弈，阐述了隐性契约运行的内在机理。任根寿（2004）研究了新兴产业集群的形成，认为新兴产业集群的形成与制度因素密切相关，从制度分割的角度解释了新兴产业集群的形成。

石忆邵（2001）将企业集群崛起概括为五种机制：人文环境的传导和更新机制、企业群落和市场群落的协同互动机制、可选择并联耦合机制、价值链与技术传递链的整合机制、地方政府的扶持推动机制。刘军国（2001）在产业集群形成机制方面进行了较有说服力的研究，认为产业集群是报酬递增的加速器，集群降低了交易费用，促进了企业协作，形成了报酬递增和分工不断深化的机制，因而使集群具有不断自我完善的功能。

刘恒江、陈继祥（2005）在《基于动力机制的我国产业集群发展研究》中提出产业集群动力机制是获取持续竞争优势和推动我国产业集群发展的根本力量。其中，包含内源动力机制和外源动力机制。内源动力机制将产业集群中包含的本地根植性蕴涵丰富的要素（资源）转化为内生优势；外源动力机制分为政府行为、外部竞争环境等，其作用带来产业集群的外部优势。以产业集群动力机制及其作用规律研究为基础，产业集群内部治理与集群政策相结合的“从下到上”思路，是有利于我国产业集群发展的新模式。

二、从中小企业集群的角度研究产业集群

我国实施改革开放政策后，区域经济得到了迅速发展，南方一些乡镇形成了很多小商品生产和销售的区域集群，例如服装加工、制鞋、传统手工制品、小五金、小家电等，有的在国际上占有重要地位。国内学者对这些区域进行调查研究，发现其主要集中在经济发达的江浙与广东地区。张仁寿（1999）从区域经济、非正式制度等方面进行了探讨。陈雪梅、赵珂（2001）在对中小企业形成的内部与外部原因进行分析后认为：中小企业集群形成的主要原因是区域的地理环境、资源丰富和历史文化因素，由大企业改造、分拆而形成，由跨国公司对外投资而形成中小企业。郑风田、唐忠（2002）认为，我国中小企业的成长应遵循三维度原则：在宏观维度上，要注意需求条件的培育与相关经济、法律制度的完善；在中观维度上，要注意创造适合中小企业集群成长的因子条件与配套服务，要与外界建立有效关联等；在微观维度上，要注意提高企业间的互补效应与联合行动，还要注意培育集群内的信任和制定不良行为的制裁制度，控制企业间适当的竞争程度、提高企业间的学习能力、降低新企业成长的门槛，为企业创造一个良好的环境。

另一些学者从生态学角度研究中小企业集群。仇保兴（1998）对小企业集群从历史与现实、理论和实践的多视角，分析其形成过程、制约因素及其创新意义和深化趋势。从专业化分工角度分析了企业集群的形成机制；从产权、市场结构、产品和要素市场以及人文环境角度分析了小企业集群形成发展过程中的制约因素，同时分析了小企业集群与我国产业结构调整和技术创新的关系等。李永刚、祝青（2000）研究了古典心态和东方式的人文环境，认为以血缘、亲缘为纽带的人为网络和“宁做鸡头不做凤尾”的传统心态使得相互依存的小企业集群得以迅速形成。陈建军（2000）认为体制漏洞和政府积极的不干预政策是浙江小企业集群形成的根本原因。由于一些地区地理位置偏僻、交通条件不好，所以计划经济时代，许多政策的约束力在这些地区有所减弱，使得边界制度创新有了可能；同时，当地政府也采取了妥协、默许甚至积极的不干预

政策，这使得浙江一带的小企业集群能够在改革开放初期，在地理位置并不十分优越的地方成长起来。

台湾学者注重运用社会网络理论解释中小企业集群的形成和发展，认为中小企业之间紧密的产业网络关系是台湾经济得以蓬勃发展的重要基础。他们分别从社会学和经济学的角度对社会网络进行了探讨，社会学的观点认为中小企业间的协作网络关系是建立在网络成员之间彼此承诺与信任关系之上，这种承诺与信任关系需要依靠企业家之间的社会关系建立，因此企业家之间的社会关系是维持网络安定的主要力量，家庭、家族、同乡、同学、同事等在无形中规范并维持了网络内的运作秩序。经济学的观点认为，企业会因降低交易成本、依赖稀有资源、交换彼此资源、降低环境不确定性等原因形成网络关系，通过分工合作的方式寻求共同利益的最大化。

三、从经济增长与产业集群关系的角度研究产业集群

产业集群作为一种独特的产业组织形式，在区域经济增长中具有重要的作用。区域经济增长也会促进有创新能力和技术扩散能力地区的产业的发展，发挥分工的优势和规模经济效应，吸引区域外资源流入。

魏守华、石碧华（2002）认为，产业集群理论是继梯度推移、增长极和区域生产综合体理论之后的新型的区域经济发展理论。他们认为集群的部分优势来源于生产成本优势、基于产品质量的差异化优势、区域营销优势、市场竞争优势四个要素。

周兵和蒲勇健(2003)以索罗经济增长理论为基础,结合产业集群形成的内在原因,运用定量分析方法解释我国一些地区产业集群与经济增长的关系，发现产业集群通过发挥集群经济和竞争优势降低了产业集群的平均成本和产业集群中单个企业的平均成本，增加了产业集群所在区域的无形资产，吸引了大量资本和劳动力，从而促进了区域经济增长。

沈正平等（2004）运用区域乘数对产业集群与区域经济增长的关系进行探讨，揭示了区域经济中某个部门的收入、就业、生产等方面的增长对区域经济活动及其他部门扩张的影响。这种影响通过两种方式实现：一种是通过对实际生产投入需求的增加而直接产生的；另一种是通过劳动就业人数的增加或工人工资的增加而间接产生的。无论通过何种方式实现，都将产生乘数效应使得后者得以扩张。

李新权（2005）在《基于产业集群的区域品牌相关问题分析》一文中提出：“区域品牌的出现表明产业集群已发展到一定阶段”，“区域品牌可以增强区域的核心竞争力”，“发展区域品牌是转变经济增长方式的有效途径，区域品牌是产业集群升级

的关键举措”。

我国学者吸收了国外产业集群理论研究的最新成果，在国外一般理论的基础上，结合我国产业集群发展的具体实践，从集群内涵、集群成因、集群企业网络、中小企业集群、集群在区域经济增长中的作用等方面进行了较为系统的分析。国内学者对产业集群的深入研究使产业集群理论逐渐成为一个值得重视的区域经济发展理论。产业集群理论和政策的发展思路，对于我国区域经济政策和产业政策的制定具有重要的理论和现实意义。

然而相对于国外，国内对产业集群的研究，无论是在时间上还是在研究成果上都显得落后很多，这主要是因为国内这方面的研究基本上属于全新的领域，目前只有少数研究者在艰苦地探索。另外，对产业集群的研究涉及理论经济学、产业经济学、区域经济学和经济地理学、管理学、社会学等多门学科富有理论研究和经验（实证）研究的特征，研究难度较大。

目前，在全球价值链环境下，产业集群研究的新课题是创新和升级，这在国内外研究中均有涉及。随着产业集群与全球化经济活动的联系越来越紧密，产业集群的创新和升级研究也从关注本地集群内部治理拓展到全球层面，即全球价值链治理。同时，随着全国乃至全球文化创意产业集聚区的发展与兴起，文化创意产业的集群问题也成为一个热门的研究课题。本书将对文化创意产业集群的特点、内在共生机理、竞争优势的来源、风险防范、动态发展过程等内容进行研究，通过审视世界及我国文化创意产业集群发展实践和经验，建立一个较为系统的文化创意产业集群理论分析体系。

第二章　农业产业化及农业产业集群的发展与趋势

从20世纪90年代开始，我国农业生产从资源约束阶段进入资源与市场双向约束阶段，市场给农业提供了难得的发展机遇，农业活动范围得到了扩展，也更加专业化。这种变化为我国建立新的农业经济活动秩序奠定了基础。农业经济活动的扩展与专业化几乎在全球各地发生，但发展的程度主要依赖于经济社会发展的阶段。也就是说，农业经济活动的主体农民、农资供应商、加工企业、配送企业在整个农业供给系统中的参与程度与交互水平是不同的（Pinazza和Araujo，1993）。西方发达国家的农业产业化是在高度专业化和市场化的基础上发展起来的，而我国目前农业生产专业化程度很低，市场化刚刚起步。从国际农业发展的实践及近年来我国各地的实践可以看出，农业产业集群是一种提升农业综合生产能力的有效方式，是提高农业产业化竞争力的一种高级形式，是竞争型的农业产业化。它的本质是以具有资源优势的特定农产品为核心的农业产业集群，它与其他产业区一样具有专业化、规模化的特点，能够发挥集聚经济效应，对提升当地农业产业的整体竞争力有明显的推动作用。

本章将从农产品供应链管理的角度重新审视我国农业产业集群，探讨在农产品市场竞争模式发生改变且在竞争越来越激烈的情况下，农业产业集群的发展瓶颈以及集群企业和农户应当采取什么样的发展战略加以应对。通过“农业产业化”和“农业产业集群”两个概念的辨析，可以看出两者存在相互促进的关系，农业产业化程度是打造农业产业集群的关键。从我国农业产业化发展历史来看，农业产业集群是农业产业化发展从起步阶段进入快速成长发展阶段中出现的规律性现象，我国农业产业化发展水平在一定程度上体现了我国农业产业集群的发展程度，农业产业化发展进程中存在的问题在农业产业集群中也有所体现。

有效发展战略的选择必须能够满足我国农业产业集群发展的现实需要。本章主要做如下工作：首先通过对我国农业产业化和一些区域农业产业化进行现状分析，分析我国农业产业化水平，然后通过对八个具体农业产业集群的案例分析，综合农业产业化进程中出现的问题，指出我国农业产业集群发展存在的发展障碍，最后指出为了提升农业产业集群的竞争力，农业产业集群需要达到的发展目标，论证运用供应链管理方法治理农业产业集群的发展战略是我国农业产业集群发展的现实需要。

第一节 农业产业集群发展现状研究

农业产业集群是现代农业发展的重要方向，对促进国家和地区经济的发展都具有重要意义，因此成为各国政府和学者研究、关注的焦点。随着生活水平的提高，农产品消费方式发生了变化，对农产品生产提出了新的要求，以农产品生产为主要经济活动的农业产业集群的发展也应当做出相应的调整。因此，如何发展农业产业集群、优化农业产业集群结构、提高农产品竞争力，已经成为我国农业产业集群发展所要面临和解决的重要问题。正确发展战略的确定与实施需要了解我国农业产业化与农业产业集群的发展现状及发展障碍。很多学者做过有关这方面的研究，如任青丝（2008）、宋玉兰（2005）、易正兰（2008）、聂淼（2008）等。任青丝（2008）对有关文献进行了梳理，归纳出我国农业产业集群中存在如下问题以及相应的解决对策。主要存在如下问题：（1）农业产业集群没有体现区域特色，存在主导产业选择雷同，集群内部各企业同构现象严重，存在过度竞争；（2）缺乏一批具有竞争优势和带动能力强的农业龙头企业；（3）农业企业普遍存在融资难的问题；（4）农业产业集群的组织能力弱，难以形成其内部的良性商业生态环境；（5）技术创新能力不足、集群层次低；（6）与农业关联的支持性产业发育不充分，中介服务体系不完善；（7）政府扶持力度不够等。解决对策主要有以下几种：（1）要有各种规范的咨询和中介服务机构，如管理、技术、信息、人才、财务、法律等的中介服务；（2）要因地制宜，培育特色农产品，依据各地的自然、经济和社会条件，发挥不同地区的独特优势，构筑特色产业集群，形成各具特色的区域产业结构；（3）建立有利于农业产业集群发展的投融资体制，由政府出面组织银、企联席会议，推动产业集群诚信体系建设；（4）政府要通过政策、项目、财税等手段，加大对基础设施、有技能的劳动力群体和信息服务的投入，本地企业间建立学习交流机制，营造有利于产业集群形成发展的产业环境；（5）扶植培育一批有竞争优势的龙头企业，带动本地区农业产业集群的发展；（6）加大农业产业集群的科技创新和技术推广的力度，使科技进步在发展农业产业集群经营中的贡献率有明显提高，龙头企业要通过走产学研相结合的路子或自办研发机构，构建农业科技创新的主体。

这些政策主要包含了政府应采取的扶植和促进农业产业集群发展政策措施，而集群主体最重要组成部分——农户、集群企业仅仅为政策的被动接受者，这样的解决对策对我国农业产业集群发展有一定的促进作用，但不具有可持续性。本章尝试从集群主体利益优化的角度考察农业产业集群发展过程中存在的问题，在此基础上提出符合集群主体利益的发展战略。

第二节　我国农业产业化发展的历史沿革与现状

一、农业产业化的提出

一般认为，农业产业化的思路最早由山东提出。1987 年，山东诸城提出“商品经济大合唱”，发展贸工农一体化的思路。并于 1993 年提出“确立主导产业、实行区域布局、依靠‘龙头企业’、发展规模经营”的农业产业化经营的发展战略。并于 1994 年把实施农业产业化经营发展战略作为发展社会主义市场经济的主要内容，在全省各地县（市）推广，使相关的以农业为主导的产业走上产业化经营。由于在别的省份有类似于山东的实践，随着山东经验的介绍，在全国引起了很大的反响，农业产业化成为我国农村经济发展的新特点。

二、区域农业产业化发展

由于我国各地区农业生产力存在很大的差距，因此，农业产业化也处在不同的水平，已有相关学者对区域农业产业化发展水平进行定性研究。如金花（2007）对东北三省农业产业化发展情况进行了调研；翟建宏（2007）对河南省农业产业化发展现状进行了研究；郑会军（2007）对湖北省农业产业化经营发展现状进行了研究；庞鸿钧和付英（2007）对山东省农业产业化发展现状进行了研究。表 2.1 罗列了相关区域农业产业化发展的现状。可以看出各个区域农业产业化的水平不同，农业产业化较为成功的区域是山东省。山东省已经形成了相关特色农产品的产业集群，发挥了集群效应，并且针对农产品市场环境的变化，利益联结机制做出相应改变，使得农产品更加具有竞争力。其他地区农业产业化处于新兴发展阶段，如河北省也形成了柑橘集群，但是依然处于发展的初级阶段；东北三省的农产品经营领域非常丰富，但是却没有非常知名的农产品品牌，相关环节联结不是很紧密；河南省已经形成一些农业产业集群，并有发展农产品供应链的趋势，但因为利益联结机制形式的限制，在农产品市场开拓方面呈现弱势。

随着我国各地区农业产业化的推进，各地区有必要对自身农业产业化水平有客观的认识，姚文戈和滕代娣（2005）使用逐步判别分析方法构建了农业产业化阶段识别模型。从定量角度证明农业产业化的发展是一个与其所处经济环境密切相关的渐进的客观过程，这一过程经历了起步、成长和成熟 3 个阶段，每一个发展阶段都是不可逾越的。运用这一模型对本书中所提及的4个区域农业产业化水平进行判断。与国外发达国家相比，即便是发展最好的山东省也仅仅处于成长阶段。

因此，我国农业产业化还有很大的发展空间，作为主要实践形式的农业产业集群则需要根据农产品市场的变化，制定可行的战略目标，提升农业产业集群的竞争力。

表2-1 一些区域农业产业化发展现状

地区	东北三省	河南省	湖北省	山东省
经营领域	由种植类粮棉油逐渐拓展到畜牧业、水产业、林特产业等多个行业	从养殖业扩展到农林牧副渔各业。具有向工艺、经济化工、高端食品发展的趋势	农林牧副渔均有涉及，柑楂产业形成区域集中。	从肉鸡产业开始，经营领域不断拓宽，已覆盖粮、棉花、油料、蔬菜、果品、肉类、蛋类、奶类、水产品、林特产品等
龙头企业规模	规模以上产业化龙头企业数最已达4476户。销售收入近3000亿元。2004年，仅黑龙江省资产总额超5亿元、10亿元的龙头企业数均占规模以上企业数量的0.7%，龙头企业年销售收入超亿元的企业有76户	规模以上龙头企业个数2512个销售收入795亿元。省级龙头企业个数128个，销售收入767.6亿元。国家重点龙头企业个数23个，销售收入507亿元	规模以上龙头企业个数2303个，销售收入660亿元。省级龙头企业个数179个。销售收入27606亿元。国家重点龙头企业个数22个，销售收入77.04亿元	龙头企业销售收入500万元以上的有2413个1亿元以上的有384个。10亿元以上的有30个，50亿元以上的有2个龙头企业总资产1580亿元，实现销售收入2012亿元
品牌	咯咯哒、鸭绿江、五常、庆安、小兴安岭、皓月等	双汇、金丝猴、王守义十三香、三全、思念等	安琪、稻花香、劲牌等	章丘大葱、荣成海带、胶州大白菜、烟台苹果、潍县萝
利益联结机制	通过合同、合作和股份合作等各种方式，强化了企业与农户的利益链。通过实行合作制按利润返还、股份合作制按股分红等方式提高农民收入，实现稳步增收	在采取“公司+农户”的产业化经营的基本模式上，逐渐衍生出“公司+基地+农户”“公司+中介组织+农户”“专业市场+农户”“合作社+农户”一系列带动模式	保护价收购、利润返还	某些蔬菜加工出口企业，逐步放弃了“公司+农户”的形式，改为“公司+农场”或“公司+大户”形式。某些禽类加工出口企业，逐渐放弃原来统一服务前提下农户分散饲养的模式，大力建设规模化、标准化的养殖场。某些果品加工企业采取返租倒包的形式，建设规模化、标准化的自有基地
所有制经济	各种经济成分共同发展，民营龙头企业成为农业产业化发展的主要力量			

三、我国农业产业化发展的综合水平

农业产业化是现代农业产业结构调整优化，并与其他经济活动部门建立高度的技术、生产、资金和商业联系的过程。这也类似于国外“涉农综合体”的内涵。在中国，有关涉农综合体研究的文献较少，研究多集中于农业产业化的战略和宏观方面。如潘毅和潘德忠（2001）分析了我国农业产业化经营的发展，对充分发挥农业产业比较优势，并将这种比较优势转化为竞争优势具有十分重要的作用。乔娟和张宏升（2004）分析了农业产业带建设有利于提高农产品对市场的适应能力，增强农产品的成本和价格竞争优势，提升农产品的质量和安全卫生水平，提升农产品的生产效率，获得农产品经营的规模效应并通过提高营销绩效来提高农产品的竞争力。微观方面则致力于农户与市场，或者农户与龙头企业的对接，以期可以提高农业效益，增加农民收入，如对订单农业（刘凤芹，2003）、农业合作社（林迪和郭红东，2009 温佳荣和蒋太红，2009）的研究。证实方面侧重于案例研究，孙亚清和刘力（2005）以黑龙江省和陕西省部分县为例，对我国优势牛奶产业带建设的基本现状进行了分析，并总结了优势牛奶产业带建设中的主要方法和经验，进而提出了优势牛奶产业带建设的对策建议。王建华（2008）针对杭州市农业产业化的发展现状做出总结，认为资源匮乏、组织化程度低、农业投入不足、产业融资难是制约农业产业化发展的主要因素。将“从田头到餐桌”各个环节连成一个整体作为研究对象，评估涉农综合体的价值，国内鲜有此类文献。国内在进行价值核算时依然采用传统部门分类方法，仅仅进行农业部门的价值核算，没有意识到这种传统的核算方法已经不能准确衡量现代农业在国民经济中的地位，也不能衡量农业产业化经营对我国农业发展的推进作用。

（一）涉农综合体 GDP 的测度方法

Furtuoso、Barros、Guilhoto 三人合作在 1998 年、2000 年、2003 年陆续发表了多篇有关涉农综合体 GDP 估算的文献（Furtuoso，1998），提出了涉农综合体 GDP（Agribusiness GDP）测度的基本方法。这一部分在他们研究工作的基础上，对测度方法进行修正，以适应中国投入产出表的需要。

鉴于我国投入产出表关于农业生产部门（即第一产业）分类比较粗糙，并且本书目的主要是分析自农业产业化政策以来我国涉农综合体的发展变化，这需要多年的投入产出表。就搜集的数据来看，仅能把农业生产部门作为一个整体进行分析。若可以得到更加详细的数据资料，则可以进一步将涉农综合体分为蔬菜产业综合体、畜牧产业综合体、林业产业综合体，等等，采用下面介绍的方法分别计算这些综合体的

GDP，再求和，即可得到涉农综合体 GDP 的值。这样不仅能够分析涉农综合体 GDP 对整个 GDP 的影响，还能深入涉农综合体内部，进行更深层次的探讨。虽然本书不能进行这一层次的分析，但是也可以从宏观的角度进行分析，发现我国自农业产业化政策实施以来取得的进步和存在的问题。

涉农综合体 GDP 核算可以分为四个环节：农业生产投入、农业生产、农产品加工制造以及农产品最终配送。涉农综合体 GDP 总值即为四个环节 GDP 总和。具体的估算方法则采用 GDP 核算中的收入法。根据中国投入产出表的特点，则是沿着某种农产品从投入到最终消费各环节的延伸（4 个环节），估算每个部门所获得的基于生产者价格的增加值，再进行加总。这一方法借鉴了联合国（SNA，1993）定义的 SNA 账户核算的方法。

基于生产者价格的增加值总值为基本价格表示的增加值合计（劳动者报酬、固定资产折旧与营业余额之和）与生产税净额之和，用公式表示为：

VApp=VAbp+INT

其中是基于生产者价格增加值总额；VAbp 是基于基本价格增加值总额 INT 是生产税净额。

下面分别给出涉农综合体中四个部门增加值的计算公式：

1. 农业生产投入环节 GDP 计算

利用投入产出表中各个部门为农业生产部门所提供的各种物质产品和服务的价值来估算农业生产投入环节 GDP：农业生产部门投入价值列与各个部门的增加值系数相乘。部门 i 的增加值系数（CVAi）表示第，部门新创造价值占本部门总产值 Xi 的比重。用公式表示为：

$$\text{CVA}=\frac{VA_{pp}}{X_i}$$

因此，环节 I（农业生产投入）的 GDP 的计算公式如下：

$$`\ GDP_i=\sum_{i=1}^{n} z_{ik}\cdot CVA_i$$

其中，GDPi 是表示环节 I（农业生产投入）的 GDP；zik 是农业生产部门直接消耗第 i 产品部门的产品或者服务的数量；CVAi 是部门 i 的增加值系数。

2. 农业生产环节 GDP 计算

农业生产环节的 GDP 核算即是农业生产部门 GDP 核算，在投入产出表中表现为农业部门（第一产业）GDP 的核算，考虑到在农业生产投入环节 GDP 核算中包括了农业生产部门 k 直接消耗第 k 农业生产部门的产品或者服务的数量的增加值，必须将这一部分重复计算扣除掉。公式表示为：

GDP Ⅱ =VAppk-zik·CVAk

其中，GDP Ⅱ表示环节Ⅱ（农业生产）的 GDP；其他变量如前定义。

3. 农产品加工制造环节 GDP 计算

为了确保农产品加工制造环节的构成，根据投入产出表，可以采用以下标准：（1）以农产品作为主要需求的部门（从横行来看）；（2）作为主要农业生产投入的中间消耗的相关工业部门（从农业生产部门的纵列看）；（3）以农产品为基本原料进行加工制造的经济活动。通过对消耗系数 g，生的考察并结合标准三，农产品加工制造环节（Agroindustrial Aggregate）包括以下的部门：①食品制造及烟草加工业；②纺织业；③木材加工及家具制造业；④服装皮革羽绒及其制品业；（4）造纸印刷及文教用品制造业。根据 2002 年的投入产出表，可以看出农业部门产出的第一、第二产业消耗的 31.3% 被本部门消耗，47% 被农产品加工制造环节消耗，15% 被建筑业部门消耗，6.7% 被剩余部门消耗。建筑部门虽然满足前两个标准，但是不满足第三个标准，故不在农产品加工制造环节内。

为了估算农产品加工制造环节的 GDP，则计算农产品加工制造环节构成部门的增加值合计再减去作为农业生产环节中间投入量。这样的减法也是为了避免重复计算。用公式表示为：

$$GDP\,Ⅲ = \sum_{q} (VA_{pp} - z_{ik} \cdot CVA)$$

其中，GDP Ⅲ是环节Ⅲ（农产品加工制造环节）的 GDP 是构成农产品加工制造环节的相关部门，其他变量如前定义。

4.. 农产品最终配送环节 GDP 计算

农产品最终配送环节 GDP 主要考虑运输部门、商业部门以及服务部门的涉农部分增加值。这里采用的方法是 :

TFUFD-IMFD=DFD

VATpp+VACpp+VASpp=TM

$$GDP\,Ⅳ = TM \cdot \frac{FD_{k} + \sum_{q} FD_{q}}{DFD}$$

其中，TFUFD 是某产品最终使用合计；IMFD 是某产品最终进口额；DFD 是某产品最终需求合计；VATpp 是流通部门基于生产者价格的增加值；VACpp 是商业贸易部门基于生产者价格的增加值；VASpp 是服务部门基于生产者价格的增加值；TM 是 T、C、S 部门增加值总额；FDk 是农业生产环节的最终需求；FD。是农产品加工制造环节各部门的最终需求；GDPIV 是环节Ⅳ（农产品最终配送环节）的 GDP。因此，涉农综合体的 GDP 可以用公式表示为：

GDPagribusiness=GDPI+GDP Ⅱ +GDP Ⅲ +GDP Ⅳ

其中，GDPagribusiness 是涉农综合体的 GDP；其他变量如前定义。

（二）涉农综合体 GDP 分析

本书利用 1990~2005 年度相关年度的投入产出表（逢“7”“2”为基准年表，逢“0”“5”为延长表，其中 1990 年、1992 年、1995 年为 33 部门，1997 年为 40 部门，2000 年为 17 部门，2002 年、2005 年为 42 部门），运用涉农综合体 GDP 计算方法进行了核算。需要注意的是，由于每年所统计的投入产出表中的部门名称和所包括的范围出现了一些变化，也出现或者去除了一些部门。本书计算结果则根据部门变化，做了一些归并，对我国农业产业化水平的分析影响不大。

1. 我国涉农综合体 GDP 计算结果

按照上述步骤，涉农综合体 GDP 计算结果显示了涉农综合体对国民经济有着重要的影响。如在 2002 年，涉农综合体 GDP 占总 GDP 的 30.6%。表 2.2 显示了 1990~2005 年期间部分年度的涉农综合体 GDP、农业部门 GDP 以及各自所占总 GDP 的份额。通过表 2.2，我们可以看出我国农业部门 GDP、涉农综合体 GDP 的绝对量每年都在增长，农业部门 GDP 所占总 GDP 的份额呈逐年递减的趋势，涉农综合体 1990 年占总 GDP 的 54%，2005 年份额为 32.3%，1990~2002 年有逐年下降的趋势，但自 2002 年以后又略有上升。通过份额分析，可以看出涉农综合体 GDP 每年均为农业部门 GDP 的两倍多，自 2000 年始，两者 GDP 的差距更加有扩大的趋势，在 2005 年涉农综合体 GDP 将近农业部门 GDP 的三倍。把涉农综合体作为一个整体来考察，对国民经济的发展有着巨大的推动和促进作用。

表2-2 涉农综合体GDP及所占总GDP份额，1990~2005（亿元：2005年当年价格计）

年份	GDP	农业部门GDP	涉农综合体GDP
1990年	36744	10551（29%）	19832（54%）
1992年	49212	10810（22%）	23253（47%）
1995年	64500	13192（20%）	30463（47%）
1997年	80078	15593（19%）	36333（45%）
2000年	101518	16815（17%）	38248（38%）
2002年	138768	18938（14%）	42447（31%）
2005年	185019	23070（12%）	59725（32%）

图 2-1 显示了涉农综合体 GDP 年平均增长率，可以看出 2002~2005 年的平均增

长率最高，达到 13.6%。还可以看出自 1997 年国家推出“农业产业化”政策以来，涉农综合体 GDP 的增长率出现了较大的下降趋势，我们可以看作涉农结构正处于调整过程中，而在初步调整之后，增长率出现了大幅的增长，2002~2005 年间的年平均增长率达到了 13.6%。

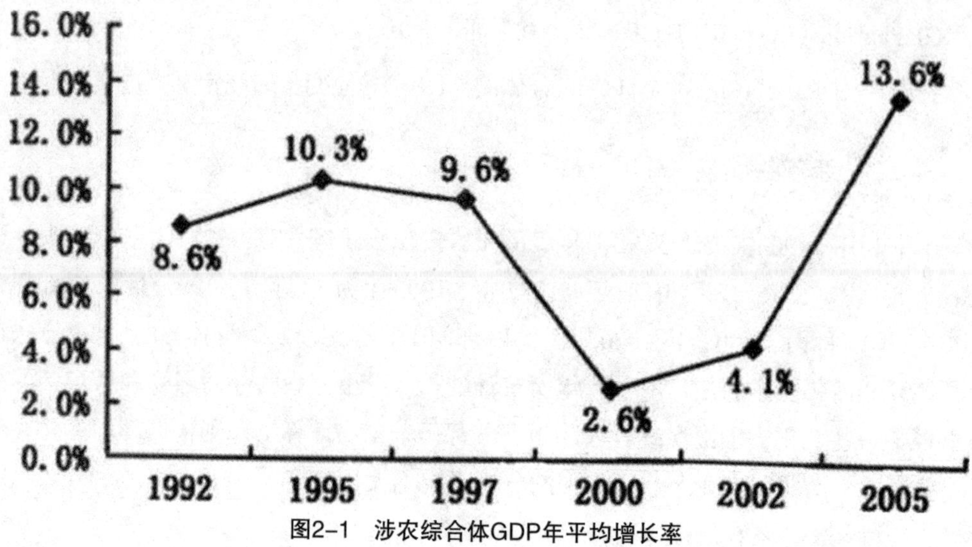

图2–1　涉农综合体GDP年平均增长率

注：年平均增长率的计算公式为 gagribusiness=（GDPi—GDPi）/ [GDPj·（j—i）]，其中 i > j，i、j 是 1990 年至 2005 年的相关年度，gagribusiness 是涉农综合体的年平均增长率。

2. 我国涉农综合体生产结构分析

表 2-3 显示了涉农综合体 GDP 的时间变化以及四个环节构成的 GDP。表 2-4 显示了涉农综合体各个环节所占百分比。农业投入所占比例略有下降，农业生产部门所占比例大致处于下降趋势，而农产品加工制造业以及最终分配部门则略有上升，对于农产品加工制造业中的部门，食品制造业与其他涉农工业的比重大致保持不变。由此可见，目前我国涉农产业结构正处于调整时期，这一阶段将会对我国现代农业的发展方向起到重要的作用。从表 2-2 可以看出每个环节的 GDP 总值均在增长，结合图 2-2 可以看出在各个构成部分都在增长的同时，增长的速度却有所不同。农业投入 1990~1992 年间的负增长率为 -1.6%，在 1992~1995 年增长率达到顶峰，随后有大幅下降的趋势，在 2000~2002 年期间又上升至 10.3%，2002~2005 年期间，增长率下降到 2.5%。由此可以看出，我国农业投入没有一个长远规划，农业投入的波动极大，这也对整个涉农综合体 GDP 以及涉农综合体其他环节的增长有着相应的影响，这种影响虽然没有在当年完全体现，但是，这种影响存在滞后性，对往后年度产生了消极影响。

表2-3　涉农综合体以及各环节GDP（亿元：2005年当年价格计）

总计	19832	23253	30463	36333	39198	42447	59725
农业投入	2846	2755	4092	4653	5123	6176	6643
农业生产部门	8664	9304	10918	13088	14249	15865	19685
农产品加工制造业	4311	4903	8167	10434	10414	12842	16769
食品制造业	1545	1778	3602	3567	4546	4565	6385
其他涉农工业	2767	3125	4565	6867	5868	8277	10384
最终分配	4011	6291	7285	8159	9412	7563	16629

3. 我国涉农综合体生产结构与荷兰的比较

荷兰现代农业非常发达，不仅在国民经济上占有主要的地位，在世界上也占有重要的地位。荷兰是农产品贸易大国，1989 年以来出口额稳居世界第三位，仅次于美国和法国。在 2004 年超过法国，跃居第 2 位。其农产品出口总额约占农业总产值的 90%，农产品出口收入占农业收入比重超过 2/3（吴方卫，2008）。在对外贸易方面，荷兰很多年份对外贸易为逆差，但农产品对外贸易一直为顺差。通过对“中国与荷兰”涉农综合体份额以及生产结构的比较，可以看出我国涉农综合体目前的薄弱环节以及存在的问题，也将为我国现代农业的发展指明方向。虽然在计算方法和年度上存在不同，但是通过表 2.5 和表 2.6 依然可以看出在两国涉农综合体的发展水平以及生产结构的差距。

荷兰涉农综合体的发展已经处于一个相对稳定的阶段，从表中显示的两年数据可以看出是比较稳定的，中国农业的发展还处在转型阶段，所占份额均表现出下降的趋势。荷兰农业部门 GDP 所占总 GDP 份额仅为 0.90%，但是涉农综合体所占总 GDP 份额达到了 9.3%，也就说明荷兰涉农综合体创造的价值为农业部门创造价值的十一倍。以 2005 年为例，中国涉农综合体创造的价值仅农业部门创造价值的 2.5 倍，与荷兰相比存在很大差距，但是从另一个方面来讲，也可以看出中国农业的发展还存在很大的空间，若能够寻找到适合中国农业的发展路径，中国农业的发展将是中国经济提升的一个增长点。

将中国与荷兰涉农综合体的生产结构进行比较，可以看出荷兰农产品加工制造业和最终分配处于一个上升趋势，中国的生产结构随着农业投入的变化而有所波动。在农业投入方面，中国与荷兰存在很大的差距，中国明显表现出农业投入不足。若更进一步分析荷兰农业可以看出，荷兰利用比较优势发展现代农业，有两个方面的含义:（1）利用自然禀赋资源发挥自己的比较优势。平坦、富饶的土地和湿润温和的气候很适合于农业，尤其是畜牧饲养和蔬菜种植。（2）利用先进的加工技术后天培养比较优势。有意识地增强生产要素。一系列进程推动了荷兰农业的进一步增长，并且相互强化，从而形成新的增长优势。我国若要将现代农业作为我国农业的发展方向，则必须要在农业投入方面增强现代技术的投入，即除了要加大量的投入，更要注重质的提高，从而带动其后续相关环节的发展。通过与荷兰比较（通过表 2.5 和表 2.6 相结合），我们可以发现我国涉农产业结构中农产品加工制造和农产品最终配送方面发展程度低，是制约我国涉农产业发展的关键，这两个构成部分的延伸拓宽将成为我国现代农业发展的巨大空间和突破口，这也是农业产业集群发展需要考虑的主要内容。

第三节　农业产业化与农业产业集群发展

农业产业集群是农业产业化发展进程中出现的一种经济现象。农业产业化发展提高了产业集中度，实现了区域化布局、规模化生产、供产销互动，通过将产、加、销集中起来，形成并延长了产业链，最终促使农户、企业、中介组织等不同利益群体形成利益共同体（涉农综合体）。在实践中，它表现为众多农户依靠合同或股份与具有龙头带动作用的农产品加工销售企业（经营实体）连接为一体，利用当地的资源优势和龙头企业提供的预付定金、生产资料和技术服务，按照龙头企业提出的产品数量与品质要求进行专业化、标准化生产，在区域内形成一定经济规模的生产基地，生产出的产品由龙头企业收购、加工、销售。形成产品链和共同体的过程，也是特定农产品及其衍生品生产逐渐集中、产销互动的过程。多个同类农产品链的形成，必将推动区域化布局、规模化生产的实现，也将带动关联产业的发展，最终形成农业产业集群。

一、我国农业产业集群发展

农业产业集群是一个相对于制造业集群、服务业集群的广泛概念，是按产业归属来划分的。通过文献查阅，无论涉及哪一产业领域的具体集群，一般不使用这种集合概念，而是根据某一类产品来细分产业集群，即以某类产品的生产体系为核心，综合考察与之相关的其他环节在某一区域内的聚集现象，其中既包括主导产品的生产环节，也包括关联及配套产品的产业链条。因此，集群的概念很宽，不仅包括相关企业在技术、技能、信息、营销等方面的重要关联性、互补性以及技术溢出，还可能包括跨产业的联系。国内学者在进行农业产业集群案例研究时，也是采用的这一层面上产业集群的概念，而不是泛泛的概念。目前已有很多农业产业集群引起学者的注意，如新疆兵团棉花（王志坚，2008；任青丝，2008）、云南斗南花卉（程郁，2004；郑风田和程郁，2006）、黑龙江奶业（王德胜，2008；张明明，2004）、金乡大蒜（刘子乾，2008；杨以兵，2008；顾莉萍，2004）、马陆葡萄（嘉定区农业调研小组，2008；陈珏.2005）、内蒙古肉牛业（申秀清，2008；吕鹏，2007）、寿光蔬菜（王维金，2007；刘中会，2009）、陕西渭北苹果（于冠男，2009；段玉景，2007）等。这些案例为了解我国农业产业集群的发展情况提供了丰富的素材，为农业产业集群发展提供了良好的借鉴。

上述八个案例所涉及的农产品属性如表2.7所示。由于每个集群所处的自然环境、社会经济环境以及农产品性质均不同，因此所获得的研究结论具有一定的特殊性，将一个案例的研究结果完全应用于另外一个集群是行不通的。但我们也应该看到农业产业化过程中我国农业产业集群发展存在一些共性问题：

表2-4　案例所属农产品分类情况表

经济作物	生鲜农产品			
	花卉	蔬菜	水果	畜产品
1	1	2	2	2

（1）农产品是指种植业、养殖业、林业、牧业、水产业生产的各种植物、动物的初级产品及加工品。具体包括种植、饲养、采集、编织、加工以及捕捞、狩猎等业的产品。这部分产品种类复杂、品种繁多，主要有粮食、油料、木材、肉、蛋、奶、棉、麻、烟、茧、茶、糖、畜产品、水产品、蔬菜、花卉、果品、干菜、干果、食用菌、中药材、土特产品以及野生动植物原料等。

本书运用波特的“钻石”模型，分析上述八个案例。“钻石”模型主要由4个关键要素（生产要素，需求条件，相关与支持性产业，企业战略、结构和竞争）和2个辅助要素（机会，政府影响）构成。波特认为，国家竞争优势主要由钻石体系中4个关键要素决定，其中每个关键要素相互依赖，任一效果都是建立在其他条件的配合上，同时每个关键要素又是相互制约的，任何一种因素的薄弱都会限制产业升级和创新能力的发挥（Porter，2002）。地理集中使四种相互分离的因素相互作用，使“钻石模型”产生活力，更重要的是地理集中促进技术的创新与升级。以下利用“钻石”模型分析各个农业产业集群发展情况，以期能够从中发现我国农业产业集群普遍存在的发展障碍。

（一）生产要素

经济学中通常将生产要素广义地划分为土地、劳动和资本（或再加上企业家才能），波特将其分为两类：一类是初级要素，如自然资源、气候、地理位置、非熟练劳动力等；另一类是高等要素，如基础设施（主要表现在交通基础设施和信息化方面）、受过高等教育的人力资源（如电脑科学家和工程师）、富有创新精神的企业家、研究机构等。表 2-5 描述了八个案例的生产要素情况。

表2–5　8案例生产要素情况表

	初级要素		高等要素			
	自然条件	普通劳动力	基础设施		高层次劳动力	科研机构技术研发
			交通	其他		
新疆兵团棉花	地处宜棉区域；有悠久的植棉历史	丰富	远离国内主要棉花消费市场和外贸港口	大规模水利建设；其他设施依然不配套、不完善	大量技术专业人才	科研机构配套
斗南花卉	宜种花卉；1983年开始种花	丰富，大量种植能手	公路交通网络四通八达；离铁路站，机场方便便利	拍卖市场，物流中心;运输，通讯，金做，质检，海关等配套/体系已建成	大量技术专业人才	实现自主品种和专有技术的开发，获得技术领先优势
黑龙江奶业	地处“世界牛奶带”，饲料资源丰富；良好发展基础	丰富	交通基础设施滞后，交通不发达	国产机械设备研制水平低，机械性能不稳定，配套性差，品牌声誉低	薄弱	奶牛良种扩繁技术落后
金乡大蒜	适宜大蒜种植；喜食葱蒜类蔬菜，种蒜历史悠久；“大蒜之乡”	丰富	靠近港口，尤其是日照港和青岛港；与韩国、日本距离较近	改善市场基础设施;金乡大蒜品牌建设需要加强	大量技术专业人才	较为完整的栽培技术体系,缺乏纵深研究的机构
马陆葡萄	不适合葡萄种植	丰富	位于上海市郊区，完善和发达的水路和陆路交通网络	“家家富”工程；区域特色农产品生产基地建设	专业技术人员；后继无力	市、区林业站、乡农业公司、农科站,植保站、马陆成人学校和科技示范户，组成科技服务队为果农提供种苗、栽培管理方法、技术培训、农资、信息等全方位的服务；力量不够强大

续表

	初级要素		高等要素			
	自然条件	普通劳动力	基础设施		高层次劳动力	科研机构技术研发
			交通	其他		
内蒙古肉牛	具有得天独厚的自然条件；有种植蔬菜的传统	丰富、成本低	距出海港和经济中心最近、畜牧规模较大的地区	薄弱	薄弱	薄弱
寿光蔬菜	具有得天独厚的自然条件；有种植蔬菜的传统	丰富	海陆交通便利，寿光至北京、至哈尔滨等地的蔬菜运输"绿色通道"	寿光蔬菜信息网、寿光蔬菜网等；电子拍卖中心；强烈的品牌意识	天量蔬菜科技人员，丰富的具有蔬菜栽培经验劳动力资源	强大的科研机构、大专院校的支撑；并有大量"农民技术员"、"农民科技专家"
渭北苹果	全球最大苹果优生区，资源禀赋丰富	丰富，成本低	交通便利	相对薄弱,设绿色果品基地；品牌建设的后期投资力度不够	科技人才培养初具规模，但不能满足需要	相对健全技术培训服务体系和高校科研院所

（二）需求条件

需求条件是指集群产品和服务在国内外的市场需求。许多企业的投资、生产和市场营销最早都是从本国需求考虑的，满足国内需求是企业市场导向的基本初衷。波特认为："一如生产要素条件，需求条件也是以强迫厂商面对最严苛挑战的方式，而令厂商形成优势"（Porter，2002）如果某种产品的国内需求较大，就会促使国内竞争，产生规模经济。而且，如果国内消费者很挑剔、品位较高，就会有利于企业不断努力，以提高产品的质量、档次和服务水平，使之在世界市场上具有较强的竞争力，从而促进该产业的发展。

（三）相关与支持性产业

由于社会分工的不断深化和迂回、生产过程的不断延伸，产业之间的经济联系日益密切，任何一个产业都不可能脱离其他产业独立发展，波特式产业集群的发展必须有其他相关的和支持性的产业。相关产业间的分工或协作有利于形成一个外部经济和信息环境，竞争力强和联系紧密的上游产业往往是下游产业成功的关键因素。在很多产业集群中，各产业的潜在优势是由于它的相关产业和支持性产业具有竞争优势，相关产业的表现与能力，自然会带动上、下游的创新走向国际化。因此相关与支持性产业对农业产业集群发展有很大的影响。

（四）企业战略、结构和竞争

某一产业中企业在对企业战略、结构及竞争程度等方面的选择，如果与该产业的优势资源恰好相符合，则这项产业的竞争优势将得到最充分的体现。从企业的竞争环境来看，国内竞争的活跃程度与该产业竞争优势的创造和保持有很密切的联系。竞争可以促使企业提高质量、降低成本、投资于先进的设备，提高效率，进而加强国际竞争力。

（五）辅助要素

钻石模型认为：生产要素条件、需求条件、相关产业和支持产业与企业战略、结构和竞争对手四个方面是产业集群发展的关键因素，而机会和政府影响对产业集群的作用是不确定的。

机会是一个很重要的因素，作为竞争条件之一的机会，一般与产业所处的国家环境无关，也并非企业内部的能力，甚至不是政府所能影响。我国农业产业集群发展离不开外部环境的影响。在党的十一届三中全会以后，国家实行家庭联产承包责任制，鼓励进行多种经营，农民对农业生产有了更大的自主权，在一些地区形成有特色的农业产业集群。随着我国经济的快速增长和人民收入特别是城市居民的消费水平不断提高，对农产品品种和质量的要求也不断提高，市场需求的变化促进农业产业集群进一步发展和扩张。世界贸易组织的加入和农业产业化的推广使得农产品市场有较大的发展空间。

政府在创造和保持国家优势上扮演着重要角色，但它的效果却是片面的。一个产业如果缺少基本的、具有竞争优势的环境，政策再好也是枉然。政府并不能控制国家竞争优势。它所能做的就是通过微妙的、观念性的政策影响竞争优势。但是我国农业产业的国情使得政府对农业产业集群的发展起到了关键作用。

通过 8 个案例的分析可以看出：（1）在生产要素方面，除马陆葡萄外，其他农业产业集群在形成初期都依赖于初级生产要素。就目前农业产业集群的发展情况来看，大部分依然着重依赖于初级要素，发展较好的斗南花卉、寿光蔬菜集群在高级要素的推动下，初步形成新的竞争力。（2）在需求条件方面，除马陆葡萄的主要消费市场局限于本地外，其他产业集群的一些农产品的销售范围均扩大到我国其他一些区域。其中一些集群的市场范围已经扩展到国外，如渭北苹果产业集群浓缩果汁的主要消费市场就是国外市场。（3）在相关与支持产业方面，每个农业产业集群或多或少都存在一些产业链的延伸，但是延伸的长度和质量参差不齐。（4）在企业战略、结构和竞争模式上，大多以农户小规模家庭式经营为主要模式（除新疆兵团棉花外），辅助于数量较少的生产基地，采取低价格竞争的方式（除马陆葡萄外）通过市场出售无差别的农产品。（5）在辅助要素方面，政府影响对各个产业集群的发展起了关键作用，在小农户与大市场衔接、基础设施建设、服务体系方面提供了支撑。我国农业产业集群发展可以总结为如下几点：（1）我国各地产业集群发展的程度不尽相同，整体上处于发展的初级阶段，整体层次较低。从生产要素来看，我国农业发展还仅仅滞留于劳动力要素投入和土地成本优势阶段，劳动力素质较低，掌握新技术的能力比较差。集群企业主要集中于传统产业，技术创新的能力不够，动力不足。从农业产业集群支持性机构看，大学、研究机构、中介机构等组织发育滞缓，金融机构支持力度不够。（2）我国产业集群的发展以政府政策推动为主要力量，真正以市场调节为主、政府推动为辅情况下形成的农业产业集群较少。并且鉴于我国农业发展的特殊国情，政府对农业产业集群发展的支持力度都是相当大的。（3）大部分农业产业集群都是以劳动密集型为主，技术密集型为辅，高新农业产业集群较少。

二、农业产业集群发展普遍存在的问题

由于我国农业对资源的依赖程度较高，以及长期以家庭为单位的小农经济影响，我国农业产业集群总体发展速度缓慢，集群优势并不十分明显。即便是八个案例中发展相对较好的寿光农业产业集群，也无法与国际市场上许多具有独特综合生产力和强竞争力的农业产业集群（如美国玉米带和棉花带、荷兰的花卉、比利时的鸡肉等）相抗衡。大多数农业产业集群是以农副产品的简单生产和加工为核心构建的，其核心竞争力先天不足。随着国内外市场竞争日趋激烈，诸多集群开始出现停滞和后退的现象。主要存在如下问题：

（一）农业产业集群主体发育不完全，无法形成有机结合体

成熟的农业产业集群主体主要包括专业的农产品生产者、加工者、农资供应商、农产品销售者以及科研服务支撑性机构等。产业集群竞争力主要源于集群内主体之间紧密联系带来的非正规学习、技术扩散和合作竞争，并形成一个协调、可持续发展的有机整体。通过八个案例的分析，可以看出我国农业产业集群都包含这些主体，但每种主体发育均不完全，没有能力履行自身的全部职能。集群主体之间协作程度不够，不能够准确把握市场信号，形成利益共享、风险共担的机制。

1. 农民专业合作社发育不完全，相应职能缺位

我国“包田到户”的分散经营已经不再适应全球化背景下日益深化的市场经济，

小农户与大市场之间的矛盾开始成为农民增收路上的绊脚石。基于专业分工和规模经济的农民专业合作社开始逐渐成为我国新时期农业生产的重要组织载体，农民专业合作社职能主要是在不改变成员财产所有权的基础上，通过组织农民统一生产和销售，实现交易规模经济，提高农民谈判地位（周敏倩，2009）。但是在实践过程中，专业合作社的这种职能没有能够充分发挥出来，自产自销依然是大多数农户采取的销售形式，比如马陆葡萄产业集群的农民专业合作社在统一销售方面没有受到任何影响，农户都是采取自产自销的形式，这也使得鲜食葡萄的销售市场仅仅局限在上海地区，无法扩展市场范围，甚至即便在上海的普通超市和水果专卖店，也无法买到马陆葡萄。

2. 农业企业规模小、技术水平低、龙头企业较少

产业集群的发展要求大量的企业和相关机构在某一领域内形成地域和空间上的集聚，通过规模优势、专业优势来赢得竞争优势。集群内企业的数量太少，就很难形成规模经济，且发挥产业集群的辐射能力和对本区域的经济带动作用也很有限。如兵团棉花产业集群内的企业规模较小，竞争性形式态也还较单一，没有形成一个既竞争又合作、共同创新的良性互动的运行机制。截至 2006 年，兵团内从事棉花深加工生产以及相关产业的数量还很有限。兵团规模以上纺织企业共有 25 家，纺织企业规模小，布局分散，100 万棉纺锭分布在九个师的 41 家纺织企业中，目前兵团已没有一家 10 万锭以上规模的企业，5 万锭以上规模的企业仅有 6 家，3 万锭以上规模的企业仅 3 家，其余近 70% 的企业没有形成规模性、专业化的生产，其总量、规模以及专业化程度等方面都与产业集群发展较成熟的地区相差甚远（任青丝，2008）。产业集群中的龙头企业尤其是技术水平高、加工能力强的加工企业是集群利润的主要来源，其发展水平和层次又体现了集群的发展程度。我国农业产业集群的龙头企业存在这方面的问题，如寿光蔬菜，寿光市蔬菜产业集群中的龙头企业都是以蔬菜流通为主，蔬菜加工企业很少，而且规模都很小，资产规模基本都在 500 万 ~1000 万元之间，规模最大的蔬菜加工企业，其注册资本也只有 1.15 亿元，与双汇 63 亿元、伊利 48.5 亿元资产相比还有较大差距。

3. 产业集群产业链上环节少且各环节发展不协调，相关辅助性机构严重缺位

相关辅助性机构是连接集群主体的纽带，尤其是农业产业集群的关联产业跨越第一、第二、第三产业，容易导致各个关联产业间关系松散，因而关联支撑机构的作用尤为突出（兰肇华，2006）。主要表现在：（1）缺少为农产品生产提供咨询、策划、代理的服务机构，尤其是能够为地理标志品牌产品拟定技术标准、生产工艺和操作流程的人才和机构（韦光和左停，2006）；（2）集群中能提供技术支持和咨询的科研机构和信息服务机构较少，各主体间的沟通平台和信息交流渠道较为缺乏，从而导致对市场的预测、信息的反应能力较弱；（3）农业产业集群行业管理组织和行业技术

协会机构不健全，导致我国农村很多低水平的集群产业中各经济主体之间的联系松散，信息交流少，生产结构趋同。

（二）农业产业集群信息不对称，市场应变能力差

农业产业集群信息不对称可以分为两个方面：

1. 产业集群外部信息流通不畅

集群在面对外部市场（销售市场以及农资供应市场）的时候，由于农资产品以及农产品质量具有隐蔽性、复杂性等特点，再加上大部分农业产业集群均处于发育的低端，缺乏相应的咨询平台和评级机构，导致信息收集、处理能力较弱，真实全面的信息难以获取（谭露和黄明华，2008）。这就致使集群客户以及集群企业、农户难以甄别所购买产品的质量信息，在农资产品和农产品市场上出现了低质量产品驱逐高质量产品的“柠檬效应”，造成我国农产品质量差、竞争能力弱，食品安全问题频发，这对产业集群的成长带来非常不利的影响。比如四川广元柑橘大实蝇事件，由于消费者没有正常的信息流通渠道去了解相关的产品信息，任何风吹草动以及流言蜚语都会引发消费者恐慌，从而造成湖北、重庆、江西、北京等部分主产区和主销区柑橘销售受阻、销量大减、价格大跌。这种有关食品安全的负面事件一旦爆发，就会造成大面积的消费恐慌，打击的已经不只是某个区域产业集群发展，甚至是全国范围内的整个产业。

2. 产业集群内部信息流通也不是很畅通

我国农业产业集群大多数为公司加农户的模式，小规模分散经营的农户力量薄弱。信息的收集及甄别能力要远远落后于涉农企业，涉农企业与农户之间的信息不对称、不充分，致使内部信息传递不畅，常常出现小农户利益受到侵害的情况，使得农户生产积极性受挫，影响集群整体效益的提升。比如寿光市蔬菜产业集群中龙头企业毁约损害菜农利益的事情经常会发生，龙头企业与菜农签订的合同中，对农产品质量有明确的要求，而实际上能够达到该要求的产品很少，而一旦达不到该要求，企业就可以以质量不过关为由压低农产品的价格，致使农户遭受利益上的损失。当然也存在菜农为了自身利益而损害龙头企业利益的事情，如在市场供不应求、市场价高于合同价时，部分菜农就会置合同契约于不顾，偷偷将农产品在市场上以高价卖出，使企业利益受损。

（三）农业产业集群规划不完善，运行效率低

集群的发展战略、组织结构事关集群的竞争力问题，集群的组织和管理是决定竞争力的重要因素。正确的战略规划、合理的组织结构、先进的管理理念是集群生存发展的必要条件。如果在战略、组织和管理上出现问题，即便是拥有良好的生产要素和

政府的支持，集群竞争力也是有限的。

1. 集群企业管理理念落后，盲目扩张

在初级农产品生产基地，供给数量一定的情况下，集群能够提供的中间产品和最终产品的数量是有限的，供应链在网络各环节的加工厂数量和规模是有限制的，如果盲目扩张，则会导致竞争无序、集群效率低下。集群缺少明确的战略规划和目标，并且缺乏承担这一职能的机构，或者没有龙头企业有足够的能力胜任这一角色。从而使集群内加工厂的区位不合理，盲目扩张。比如陕西苹果产业集群中的果汁加工企业管理理念落后，在企业运营过程中存在着成本核算低与控制意识差、质量控制体系不完善、盲目追求经济规模、设备利用率低、资金大量被积压等问题。除海升公司外，大部分企业均没有通过瑞士 SGS 机构组织的 HACCP 认证，这样很难进入高质量、高价位的日本市场和其他发达国家的高端市场。在销售代理市场上，陕西产品的品牌多而杂，没有形成统一的知名品牌。在陕西果品加工开发新产品上，存在着研发力度不够，已有的产品质检系统有待提高的问题。并且从 2006 年开始，果汁厂开始大规模建设起来，陕西省果业管理局贸易促进处处长张光伦说“原来三四个县有一个工厂，现在至少一个县一个厂，大厂下面还有好几个分厂。”加工企业盲目扩张的行为，致使果汁原料争夺战愈演愈烈，一些加工企业甚至因为收购不到原料而被迫停工，在这种情况下，市场越是有利可图，企业的扩张就越是盲目，利益驱动了企业的盲目行为。这种盲目竞争的情况给企业的发展留下了很大的隐患，到 2008 年金融危机爆发的时候，陕西苹果企业最终尝到了自己种下的盲目扩张的苦果。当市场转入低迷时，企业就被囤积的高价苹果结实地套牢了（于冠男，2009）。

2. 集群企业价值链上定位趋于雷同，价值实现空间狭窄

农业产业集群没有正确发挥比较优势，集群企业在价值链上定位趋于雷同，导致价值实现空间狭窄。例如，山东寿光蔬菜企业间就存在着部分过度竞争，甚至是恶性价格竞争的问题，造成集群内资源的配置不合理，在价值链中定位单一。此外，还存在着其他类型的竞争现象，其结果都是导致农产品同质低价销售，价值实现空间越来越窄，在全球价值链中处于越来越不利的链节中（朱景丽，2009）。又如陕西苹果产业集群的苹果汁是它的主要产品之一，由于缺乏有效的行业内调控机制，企业为了争夺国际市场，竞相压价，恶性竞争。出口价也由 1995 年的 1220 美元 / 吨，降至现在不到 700 美元 / 吨（于冠男，2009）。

3. 产品品种单一，产业链短

农业产业集群的企业对暂时成功的企业竞相模仿，盲目扩张，导致所生产的农产品品种单一，不能多样化地满足消费者需求，使得集群内竞争更加激烈。比如寿光蔬

菜加工企业的生产技术普遍较为落后，而且有些加工企业根本没有生产技术可言，它们大多是对蔬菜进行简单的分级、清洗、消毒、包装、配送，以生产冷冻蔬菜中低档产品为主，几乎没有什么精细加工，产品的附加值较低，导致其只能在较低的层次上竞争，竞争力很低。而且企业的技术创新能力弱，管理水平较低，科技人员和经营管理的人才缺乏，不利于企业技术水平的进一步提高和长远发展，影响集群竞争力的提升（刘中会，2009）。又如陕西省果汁工厂基本上都只生产单一的浓缩苹果汁。渭南市全市虽然有 8 家果汁加工企业，但是仅有一家 2000 吨的果醋生产企业，浓缩苹果汁 90% 以上以初级加工品形式出口（于冠男，2009）。而果汁饮料等高附加值的产品尚未开发，果汁加工的产业链短，这样不仅使附加值低，而且对国外市场依赖性较强，产品主要用于出口，市场风险较大，削弱了陕西苹果产业集群的竞争力。

（四）农业产业集群利益联结机制不健全，利益分配不合理

农业产业集群利益联结机制是指集群农业产业化经营运行过程中各利益主体之间形成的各种利益关系，一般是指集群企业方面和农户方面的利益关系。随着农业产业集群的发展，集群主体（主要是龙头企业和农户）的利益联结形式已经多种多样，在实践中主要有市场自由买卖、合同契约、合作型、股份合作型四种形式（任建中，2007）。

1. 集群内各主体联系不紧密，集群关系脆弱

企业和农户之间主要是一种松散的利益关系，没有形成“利益共享、风险共担”的利益共同体，双方地位不平等。在某些时候会因为利益不一致，导致合作难以进行下去。比如寿光市蔬菜产业集群中实行的产业组织形式，大多只是松散的联合体，农户仍只享有出售原材料的收入，而未享受到农产品加工增值的利润（朱景丽，2009）。再如黑龙江奶业集群中的主要经营模式是分散养殖、集中加工，产业化组织程度低，小生产与大市场的矛盾依然突出。奶牛养殖户与乳品加工企业基本上是一种通过合同建立起来的买卖关系，属于不同的利益主体，两者联系不紧密，没有真正建立起风险共担、利益均分的产业化链条。在消费增长出现问题时，加工企业往往把损失转嫁到养殖户上，两者之间的利益矛盾频繁发生。存在一些牛奶收购价格偏低、企业拖欠农户奶资、农户出售牛奶时掺杂使假等不利于奶牛业发展的不良现象，既损害了广大奶农的利益，也破坏了加工企业的信誉和形象（冉庆国，2007）。

2. 集群联系缺乏正式的合作机制，容易滋生机会主义行为

以龙头企业为核心的农业产业集群在组织上是松散的，结构上是简单的。集群内部知识和信息的存量太少，这使得利益主体的决策困难，导致产业集群成长易受到机会主义的影响。更为严峻的是，我国农户的知识水平普遍较低，小农思想根深蒂固“信

任”“互惠”“忠诚”“凝聚力”等社会资本发挥作用十分有限（涂文明和曹邦英，2008）。受到小农思想及信息不对称的影响，集群内的诚信度和凝聚力不强，再加之各行为主体、目标函数的非一致性，致使集群中流动的信息及知识的真实有效难以确定（谭露和黄明华，2008）。这些综合因素的叠加，导致产业集群内部建立合作机制的成本大于收益，正式合作机制很难建立。一旦出现利益冲突，机会主义行为就会产生，集群就会面临解体的风险，使集群的发展很难持续。比如在农产品畅销或生产顺利时试图摆脱关联企业，而在生产或销售遇到困难时希望得到关联企业的帮助，农户的机会主义行为时有发生，难以形成相互依赖的利益共同体（张小青，2009）。陕西礼泉县果农在果品滞销或者生产残次果品时，希望果汁加工企业或经销商敞开收购，而在果品畅销时则在市场上独立销售。

第四节　农业产业集群发展战略:供应链集成的农业产业集群

通过前两节的分析，我们可以看出，我国农业产业集群还处于发育的低端状态，其核心竞争能力和成长性都明显不足。产业集群产业的产品差异化和关联性较差，低层次竞争激烈，缺乏有机的分工协作，从而造成集群资源配置不合理，运行效率低下。产业集群治理是产业集群内部成员，旨在促进和改善创新过程的明确的联合行动。产业集群治理质量直接决定着产业分工的制度安排和利润获取的多少，决定着集群各利益主体的地位。产业集群治理的质量取决于治理效率，而治理效率又取决于集群治理机制和治理结构。因此，要提高农业产业集群的竞争力，促进集群的优化升级，必须要确定农业产业集群的治理模式。以满足消费者需求变化、提升集群整体优势和各经济主体关联效益的供应链管理，有助于上述问题的解决，能够促进农业产业集群的优化升级，提升农业产业集群的竞争力。

一、供应链管理与农产品特征

（一）农产品的特性

农产品本身的特性决定了农产品的生产特征，而农产品及其生产特征又决定了其流通过程的特征。由于不同的农产品之间存在很大的差异，因而不同农产品的生产和流通特征也各不相同，为了使结论不失一般性，这里尽可能罗列农产品的自身特点和生产特点。

农业异于工业及服务业的基本特征就在于其生产过程高度依赖自然力、自然条件及生命个体。与工业产品相比，农产品及其生产过程具有其内在特点。孙天法（2003）归纳了农产品的六个特点：对自然的依赖性、产品的易腐蚀性、非标准化、生产周期性、生产的时间性、生产的分散性等。冯忠泽（2008）以分析农产品质量安全管理的原则和重点，指出了农产品具有消费时限性、难以标准化、质量隐匿性、效用滞后性、价格有限性和测定毁灭性等特点。综合学者们的观点，着重考虑对产品加工流通的影响，笔者认为农产品具有生鲜性、生产可控性差、生产上的区域性、生产分散性、季节性等。

1. 农产品具有生鲜性（易腐性）

由于农业生产过程依赖于自然的光合作用过程和动植物生命周期过程，它的直接产品都是具有生命力的碳水化合物，因此产品的质量一直在发生变化，具有易于腐败、不易保存的特点，从而使货架寿命周期较短，具有消费时限。

2. 生产可控性差（不确定性）

与工业品相比，农产品生产在数量和质量上难以精确地控制。在数量上，由于农产品生产高度依赖自然力和自然生命过程，生产过程受天气、病虫害和疾病等外部因素影响较大，因而在投入一定数量的农资后，在规定的时期内产出数量与最初设想不会完全一致。同时农产品的生产依赖于自然的光照、土壤条件、养分以及养分在整个木本（草本）中的分布。因此，它的制成品从客观上相对工业品难以标准化，有大小、长短、轻重之分，存在成分、色泽、质地的不同（冯忠泽，2008）。同时由于农产品的生产过程标准化程度低，产品质量也就更加难以控制。

3. 生产上的区域性

由于农业生产的自然特性，不同地区因其自然禀赋与经济资源的不同造成农产品的生产地区较为分散。而不像工业品，可以方便地选址在靠近消费市场的地区或任何交通便利的地区。

4. 生产分散性

由于农作物的生长依赖于水、土、光、热等立地条件，受到时空条件的严格约束，这种区域多样化的经营不可能由某个集中组织来承担，而必须由与经营规模相匹配的多样化组织来分散经营并组织生产。与农业生产的组织分散性相对应，农产品由于其易腐性与运输的易损耗性，也对农产品交易的市场组织的分散性提出了要求。

5. 生产具有季节性（周期性）

由于在农业生产中，动植物的生长具有季节性，因而农产品的产出呈现出一定的周期性。在农产品生长期结束后，将集中上市，农产品产出呈周期性波动，一些季节性强的农作物的生产周期性尤为明显。

（二）农产品流通特点

农产品及其生产的特点，导致了农产品的流通具有与工业品显著的不同。罗必良和王玉蓉（2000）对此进行了详细的描述，主要表现为以下几个方面：

1. 农产品流通比工业品流通更具生产性，且流通设施有较强的资产专用性

由于农产品的生鲜易腐性，农产品在运输贮存过程中，需要用到许多种类特定的容器和设备，并采取一定的措施，才能保证农产品合乎质量要求地进入消费。农产品流通设施的资产专用性将在农产品物流体系中变得越来越重要，并将影响农产品流通制度安排的重要因素。

2. 农产品流通半径受到限制

由于农产品生产具有区域性，而人们的需求是多样性的，因而需要不同区域间进行贸易。然而农产品的生鲜易腐性，使得即便采取了保鲜等措施，仍会有一定比例的损耗，而且这个比例会随时间和距离加大而迅速上升，这些都会造成流通成本迅速上升，从而限制了一定运输条件下的流通半径。

3. 农产品流通风险较大

（1）农产品生产和消费的分散性，使得每个经营者都难以取得垄断地位，但市场信息也更加分散，人们难以全面把握市场供求信息及竞争者、合作者的信息；（2）农业生产的季节性强，农产品上市时难以在短时间内调节，导致市场价格波动大；（3）农产品的生鲜性使得农产品为平抑市场价格在区域间和季节间进行调节更加困难。这些都使农产品流通领域具有更大的经营风险。

（三）供应链管理对农产品特征的弥补

通过对农产品特征的分析，可以看出产品流通的快速和各个环节信息交流的通畅是决定农产品能否最终以满意价格销售的重要因素。通过供应链管理方法，可以有效组织农产品流通网络，促进农产品生产、加工环节之间的信息交流，有利于顺利实现农产品价值。

二、供应链管理与农业产业集群发展目标

根据前两节的分析，提升农业产业集群竞争力，必须有效解决农业产业集群发展过程中出现的问题，供应链管理的运用需要农业产业集群系统中存在可以整合整个集群系统资源，协调集群主体的成熟企业或其他组织。通过对我国农业产业集群普遍存

在的发展障碍进行分析，可以看出主体发育不完全、无法形成有机结合体正是我国农业产业集群需要克服的障碍之一。根据本书的研究目标和内容，在此假设农业产业集群的发展处于成熟期（详见第四章相关内容），也即农业产业集群主体发育已经相对完善。针对其他三个发展障碍，农业产业集群的发展需要满足如下的发展目标。

（一）满足消费者对农产品的要求，提高市场应变能力

1. 消费者对农产品的要求

消费者会在个人偏好、产品既定性质、成本、食品健康、安全几大要素之间进行选择，以使自身效用最大化。随着人们收入的增加，消费者对农产品消费需求出现了很大的变化，由于我国经济发展不平衡、收入差距的不平衡。消费者需求呈现如下特征：

（1）需求数量较稳定。从需求上看，农产品是生活必需品属于生存资料，同时受到身体能量需求的限制，使得农产品需求弹性也很小，需求较稳定。农产品缺乏需求弹性，即价格变化所引起的农产品需求量的变化幅度较小。

（2）品种多样。由于我国城乡人民生活水平的差异，导致城乡间对农产品品种和质量要求呈多样化。徐金海（2001）将消费者对农产品的需求分为基本需求、期望需求、附加需求和潜在需求等几个层次。以食品为例，消费者的基本需求是解决温饱、保持健康；期望需求是符合卫生标准、品质稳定可靠、包装方便适用和价格适中偏低等；附加需求是灵活多样的品种选择、详尽细致的食用说明、热情周到的销售服务和知名度较高的品牌保证等；而潜在需求是产品知识、烹调技能和健康咨询等。目前大部分农村居民对农产品的需求主要为基本需求，城市居民倾向于期望需求和附加需求。董晓霞（2005）总结出了我国居民生鲜农产品消费的主要特征，指出我国城镇居民和农村居民在生鲜产品消费上呈现出从量上城镇大于农村，从质上城镇优于乡村的特征。

（3）质量保证。随着我国城市和农村居民生活水平的提高，对健康越来越重视，相应的对农产品质量要求也日渐提高。与工业产品不同，农产品除了外观品质（如大小、颜色、新鲜度等）可以直接观察到以外，有关营养品质与卫生品质的信息都不能直接获得。袁玉坤（2006）和冯忠泽（2008）的调查表明，为了获得质量安全的农产品，城镇高端消费者倾向于选择到产品质量和信誉有保障的超市购买农产品。已有研究表明，目前中国大城市中有 20% 的农产品通过超市销售（董晓霞，2005）。当前城市居民对生鲜农产品在包装化、超市化、加工化、生态化等方面的要求已呈上升趋势，这预示着集贸市场等传统的农产品市场将逐渐萎缩，以销售各类加工食品的超市、便利店等各种零售店为主体的店铺经营会越来越普遍（黄祖辉和刘东英，2005）。

（4）供应及时。由于农产品为生存必需品，消费者需求稳定，尽管单个主体消

费量不大，但是消费总量较大。又因为农产品的易腐性，通常消费者单次购买量不多，但是购买次数频繁。袁玉坤（2006）调查表明，选择农贸市场的消费者购买频次较为频繁，多表现为每天购买，而选择超市购买的消费者周均购买频次相对较少。并且随着消费者文化水平的提高，经常在农贸市场购买生鲜农产品的消费者比例逐渐降低，而经常选择超市购买生鲜农产品的消费者比例呈增长趋势。因此，农产品的及时供应是消费者购买时的重要考虑因素。

2. 供应链管理可以使得农业产业集群满足消费者需求

提升农业产业集群竞争力的一个表现方面就是其所提供的产品能够满足消费者需求，这是农业产业集群维持市场份额、开拓新市场的一个前提条件。因此，农业产业集群的产品生产和流通也需要以满足消费者需求为目标。农业产业集群的产品生产和流通是一个极其复杂的系统，但其中任一环节的缺位或者不当操作，都会对最终供消费者消费的农产品造成不利的影响，从而无法达到满足消费者需求这一目标。而供应链管理方法可以将“从田头到餐桌”之间的各个环节有机集成，通过供应链管理方法可以降低农产品在“从田头到餐桌”流通加工过程中的可控性的不确定性因素影响，从而提高农业产业集群供应链网络系统的运行效率，促进农业产业集群的优化升级，满足消费者需求。

（二）提高农业产业集群整体利益，降低集群运行成本

1. 农业产业集群发展的整体利益

（1）减少集群企业与农户间内耗，竞争有序。由于我国农业产业集群的农户以分散小规模家庭经营为主要模式，加工企业数量较多，但规模较小，缺乏能够领导整个产业集群发展方向的龙头企业。大量“大而全”“小而全”的企业存在于同一个集群，同类企业的恶性竞争难以避免，相互压价、低价竞争必然越演越烈。集群主体分散决策，盲目扩张，低价优势成了产业集群在与国内外市场竞争中唯一的核心竞争力（叶孝宝和栾贵勤，2007）。为了提升农业产业集群的竞争力，必须促进集群主体之间的有效合作，提高集群分工专业化程度，减少集群主体内耗，在集群内部形成良好的竞争合作环境。

（2）降低集群运行成本，提高效率。由于集群内部没有形成有效的合作机制，产业集群主体的集聚并没有能够大幅降低集群主体之间的信息沟通和交易成本，因而集群效率低下。以较低的成本向消费者提供优质的产品是产业集群竞争优势的一个方面，农业产业集群必须要从全局出发，整合集群资源，降低集群运行成本，提高集群运行的效率。

2. 供应链管理可以提高农业产业集群的整体利益

供应链管理的合作竞争理念就是把供应链网络看成一个完整的系统，每个成员企业是其子系统，各子系统之间相互信任，整合各企业的优势资源实现“强强联合”，从而开拓市场，组成动态联盟，使整个系统效益最大化，最终分享节约的成本和创造的价值收益（易正兰，2008）。供应链管理方法可以对农业产业集群进行全局性的合作规划，对各个成员之间的行动进行优化组合，避免恶性竞争造成资源的浪费和重复建设，促使集群主体相互合作，使得集群整体利益达到最佳利益点。

（三）促进集群利益的合理分配，健全利益联结机制

1. 农业产业集群主体诉求—提高自身利益

集群主体之所以选择在某个集群中发展，主要目的是希望能够最大限度利用集群的资源，来提高自身收益。一个产业集群的健康发展必须以各个集群主体利益提高为前提，如此才能够在集群内部形成稳定的竞争合作关系，引导整个产业集群的良性发展。反之，若利益在集群内部不能合理分配，则会挫伤利益受损主体的积极性，无法在集群内部形成“利益共享、风险共担”的利益共同体，则无法达到集群整体利益最大化和提升集群竞争力的目标。

2. 供应链管理可以对集群利益进行合理分配

农业产业集群利益联结机制的核心是如何科学、合理地调节农业产业集群中各利益主体之间的利益分配关系。科学合理的农业产业化利益联结机制，就要使各利益主体的经济利益得到充分的体现。运用供应链管理的协调机制能够健全利益联结机制，对集群主体形成有效激励，实现集群总利益的合理分配。

三、农业产业集群发展战略的确立

（一）三个目标之间的关系

农业产业集群发展战略是为“解决我国农业产业进程中农业产业集群发展普遍存在的问题”提供指导方向和方法。为了提高我国农业产业集群的竞争力，必须要整合农业产业集群资源，协同集群主体行为，以较低的成本提供优质农产品满足消费者需求。图 2.2 表述了三个目标之间的关系，可以看出三个目标之间是相互依赖的，具有一致性。提供满足消费者需求的农产品是任何一个农业产业集群生存的前提条件，同时也是其他两个目标得以实现的基础，对集群整体利益最大化和集群主体利益最大化

两个目标有促进作用。集群所获利益最大化是提高集群各个主体利益的潜在条件，也体现了集群所提供的农产品满足消费者需求的程度。集群各个主体利益的提高是维持集群网络稳定的前提条件，促进良性循环，维持集群良性发展，为消费者提供更加满意的产品或服务。同时，其中每一个目标的达成均会促进农业产业集群的优化，提升农业产业集群的竞争力。

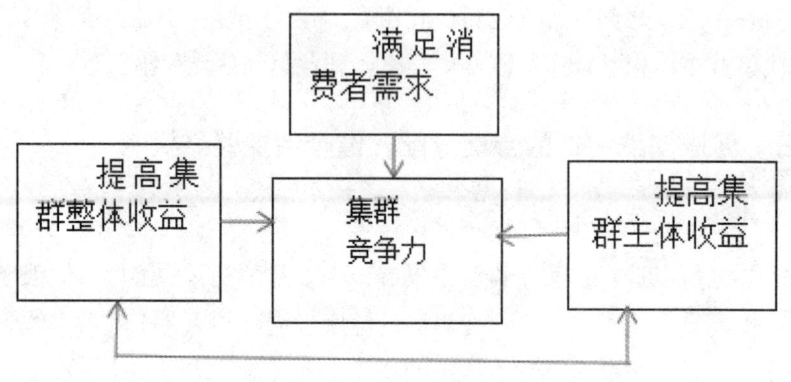

图 2-2　3个目标之间的关系

（二）发展战略的确定

基于我国农业产业化和农业产业集群的发展现状，供应链管理方法是解决农业产业集群发展过程中存在问题的现实需要，选择供应链管理作为我国农业产业集群的集群治理方式是提升农业产业集群竞争力的现实需要。农业产业集群的发展战略表述如下：运用供应链管理方法整合农业产业集群的有效资源，协同集群主体行为，促进集群内部相关环节的紧密合作，积极与集群外部企业或其他集群建立供应链合作关系，降低集群供应链网络的运行成本，向消费者提供满意的农产品和服务。

第三章　供应链管理与农业产业集群融合的客观基础：供应链网络

任何一个发展战略的实施，都只能依附于现实实体，必须有一定的客观基础。运用供应链管理方法治理农业产业集群的发展战略是我国农业产业集群发展的现实需要，但是否可行还需要检验在我国农业产业集群中是否存在其实施的客观基础。供应链管理方法的运用是面向供应链的，也就是说，运用供应链管理方法治理农业产业集群这一发展战略的成功实施，要求农业产业集群必须具有这样的客观基础——供应链网络。供应链网络的存在是农业产业集群发展战略顺利实施的必要条件。

为了论证我国农业产业集群具有实施“运用供应链管理方法治理农业产业集群”这一发展战略的客观基础，本章内容安排如下：首先通过相关概念分析，描述供应链集成下农业产业集群的特殊性质；然后以陕西渭北苹果集群为例，分析农业产业集群所具有的客观的供应链网络；最后仍以陕西渭北苹果集群为例，分析农业产业集群的供应链生产、组织过程。

第一节　产业集群结构研究

有关供应链管理与农业产业集群融合的理论研究文献很多有关集群结构的研究也已引起众多学者的注意，但有关集群供应链网络结构的分析比较少见。

集群结构是指构成集群的各主体之间的联结方式及其所形成的相互联系、相互作用（张聪群，2007）。目前对产业集群结构的分析主要包括以下几个方面：（1）从产业组织学的视角来看，产业集群的外部结构表现为一种网络结构。Johnston（2004）认为，产业集群之所以可以被看作网络，是因为它具备了构成网络的三个基本要素，即活动、资源和活动主体。闫彦明（2009）认为产业集群具有不同的内部网络结构，而不同的网络结构是造成产业集群模式差异的重要原因。Yamawaki（2002）和 Britton（2003）通过证实研究，分别证明了日本和加拿大产业集群内的成员关系的确以网络形式存在。（2）从社会网络分析来看，集群是由生产者、消费者、供应商、政府部门、中介机构等多种主体所组成的一个网络体系。根据 Andersson（2004）的总结，集群网络中主要包含了企业、政府部门、科研机构、金融组织和中介机构等五类成员，它们是构成网络的节点。蔡宁（2006）对集群网络体系进一步分析，认为企业网络是集群网络体系的核心共性部分，他们借鉴社会网络分析（SNA）方法，认为集群企业网络的结构特征可以从两个方面展开：总体的结构特征和局部构成特征。总体的结构特征包括网络的密集性、网络的连通性和网络的中心性，网络的局部构成特征包括网络的小团体结构和网络的结构同型性等方面。李志刚（2007）认为集群内部的企业网络从结构上可以分成垂直和水平两种，垂直联系是通过买和卖的链条实现，水平的联系则是通过互补产品和服务、使用相似的专业投入、技术或者制度等实现。Carbonara（2002）从供应链的角度研究了集群企业网络结构。从企业网络间的实体关系维度、采用的创新信息技术维度、龙头企业的经营战略维度和企业间的组织关系四方面用一组变量来刻画企业网络。并通过实证与统计研究给出了产业集群在形成、发展和成熟三个阶段的变量的特征，为分析和理解集群的性能提供了一种方法。

综合研究者的观点，对产业集群进行企业网络结构分析，揭示出网络结构对产业集群性竞争优势的影响，可以看出能够提高产业集群竞争力的创新网络结构是企业集群网络结构进一步的研究方向。耗散结构理论认为物质系统的结构是与功能紧密相连的。功能和结构是对应的，有什么样的结构就有什么样功能。结构是功能的基础，物质的结构决定其功能，功能体现了结构，并对结构有反作用。结构深藏于内，功能表现于外，结构是相对稳定的，功能是与结构相对应的但也是易于变化的。可以通过功能来推测结构，当认识了结构以后，又能预测其功能（邵文武，2008）。本章将以陕西苹果产业集群为例，论证农业产业集群具有客观的供应链网络结构，这将为供应链管理方法的运用提供切入点。

第二节　供应链管理与产业集群

一、供应链与供应链管理

（一）供应链定义

供应链的概念最早出现在20世纪80年代左右，但到目前为止没有形成统一的定义。陈国权（1999）认为企业从原料和零部件采购、运输、加工制造、分销直至最终送到顾客手中的这一过程，被看成是一个环环相扣的链条。Croom（2000）认为，供应链是一个组织网络，所涉及的组织从上游到下游，在不同的过程和活动中对交付给最终用户的产品或服务增加价值。蓝伯雄（2000）认为供应链是原材料供应商、零部件供应商、生产商、分销商、零售商、运输商等一系列企业组成的价值增值链。Van der Vorst（2007）从业务流程的角度给出供应链的定义，认为供应链是从生产到最终消费的连续系统统内不同阶段发生的指向最终消费者需求的一系列（决策和执行）过程和（物料、信息、资金）流的序列。邹辉霞（2009）概括了前人定义的核心思想，将供应链定义为一系列的为最终用户提供产品（含服务产品）的组织或机构，以及形成最终产品的全过程的各种职能。

这些定义包含着这样一个思想，供应链本身是一个客观存在，与供应链管理没有直接联系。当供应链内部联系和业务流程获得有效管理时，供应链以及成员企业的运行绩效才得到改善。供应链主要包括以下几个方面：（1）供应链主体包括了供应商（原材料供应商、零部件供应商）、生产商、运输商、仓库、销售商和消费者；（2）供应链职能包括新产品开发、原材料采购、运输、加工制造、送达顾客、市场营销和客户服务；（3）供应链包含物流、资金流和信息流三种流；（4）供应链有网络、链条和网链三种结构形式。

Lazzarini（2001）分析网络和供应链的价值来源，提出网络链（Netchain）的概念。图 3.1 给出了网络链结构示意图的一般框架。有学者用 Chains and NetWorks 来定义类似 Netchain 的结构，作者认为前者的含义指向是模糊的并令人误导，由于 ChainS 以及 Network 观察同一实体的两个不同视角，但在农业产业集群中，Chains 和 Net-Work 之间并没有明确的界限，而是一个整体，Netchain 这一概念则包含了两个方面。还有学者使用 Chain Networks 这一概念。作者认为，这一概念与 Netehain 一样，可以互换。也有学者直接使用 Chains 来描述网络供应链（Net Chain）。有人认为这一含义仅包含多链的意思，但没有能够体现出链条之间相互交叉，同一供应链主体在网络中承担多种角色这样的含义，从本书综述的供应链定义可以看出供应链本身就有网链的意思。为了便于本书的论述，不做特别解释，本书所指的供应链与网络链、供应链网络同义，并在文中互换混用，不做区别。

供应链可以看成是包括原材料采购、运输、加工制造直到送达顾客手中的一系列增值活动构成的网链结构，物流、资金流和信息流在提供这些活动的供应商（原材料供应商、零部件供应商）、生产商、销售商、运输商之间贯穿始末。

（二）农产品供应链

1. 农产品供应链的内涵

GigIer（2002）认为，整个供应链可以划分为农业供应链和非农业供应链，而农业供应链是指所有最初产品源于农业的生化物品供应链体系。目前关于农产品供应链源物质的定义和分类尚存在混乱，国外与此研究领域相关描述主要有“Agricultural Supply Chain”“Agri-Supply Chain”和“Agro -SuppIy Chain”“agro-food chains”等。国内在此研究领域使用较多的名称有“农业供应链”“农产品供应链”“涉农供应链”“食品供应链”“食用农产品供应链”等（刘召云，2009）。这些名称由于所研究领域的原物质或者研究边界不同，而有所变化，在本书中不加区分，均以“农产品供应链”给予命名。

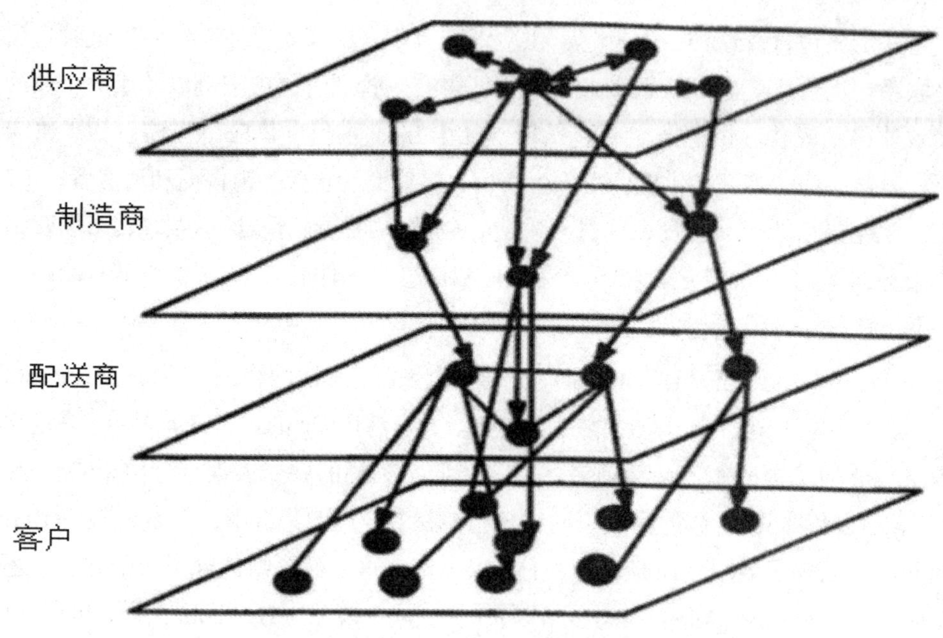

图3-1　网络链结构示意图

张晟义（2003，2004，2007）多次提到“涉农供应链”的定义：是以农业原料作为后续各阶段生产加工和运销主要对象的供应链的总称。李岩（2008）将农产品供应链定义为“在农产品生产和流通过程中，将农产品和服务提供给最终用户活动的上游和下游的所有企业所形成的网链结构。”冷志杰（2005）认为农产品供应链是“由农业生产资料供应商、农产品种植者、养殖者、加工者、物流服务经销商、消费者等各个环节构成的组织形式或网络结构。”

这些定义包括了如下含义：（1）农产品供应链包含了从田头到餐桌（from farm to folk）的整个过程；（2）农产品生产可以分为生产资料的供应、生产、加工、分销/零售、消费者加工/消费这五个环节；（3）农产品供应链的主体就是各个环节职能的承担者，他们组成了农产品供应链的网链结构；（4）农产品供应链是对农产品“从田头到餐桌”各种活动的统称，这个称谓本身不能使农产品生产过程更加有效率，而是对农产品生产流通活动的客观描述。

2. 农产品供应链的特征

农产品供应链是一个农产品生产的动态系统，由于农产品的诸多特性，导致了农产品供应链具有不同于工业供应链的特征，根据文献（Van der VorSt，2004；2007；冷志杰，2005），总结农产品供应链的特征如下：

从整个链条来看：（1）初级品、中间品以及完成品有货架寿命的时间限制；（2）沿着供应链生产的方向，产品质量会发生变化（如腐烂、污染等）。

从种植者和者生产者来看：（1）产品生产周期长；（2）生产具有季节性；（3）供给的数量和质量不稳定，容易发生变化。

从食品加工商来看：（1）生产系统容量大，多样性低（目前有逐步多样化的趋势）（2）资本密集型生产方式导致对维持生产能力的需求；（3）加工过程会随着农产品数量和质量的变化（因生物变化、季节性与天气、病虫灾害相联系的其他随机因素所导致）而变化；（4）因等待产品的质量检验结果而必需的时间停留；（5）由于原料、中间品以及完成品需要特殊的存储方式，因此库存容量受到限制；（6）由于农产品本身各个组成部分之间的互补性质，因此必须对农产品各个部分进行分别估价（如牛肉的生产，不可能没有牛皮这一副产品）；（7）由于产品质量和环境的需要，加工过程的活动必须具有可追溯性。

从拍卖市场、批发商、零售商来看：（1）所能获得的农产品质量和数量极易发生变化；（2）产品供应具有季节性的特点，为了能够使得消费者在不同的季节均能够消费得到，每年可能需要在全球范围之内进行采购；（3）需要特殊的运输和储存方式。

（三）供应链管理

供应链管理（Supply Chain Management，SCM）依然是一个较新的专业术语（Burgess，2006；Wisner 和 Tan，2008）。该词首次出现在 Oliver 的有关物流方面的文章里面，是指一种原材料供给的存货管理方法（Oliver 和 Webber，1982）。零售商、杂货店以及其他具有高存货特性行业的物流管理人员发现：通过对原料进货和出货渠道的管理可以获得明显的竞争优势。有关采购的一些文献认为供应链管理是从由采购环节升级为企业整体规划的一个组成部分中演变而来。随着零售行业引入供应链管理理念，供应链管理也被应用到其他行业，如计算机、印刷、制造行业、农产品部门等。大约在 1990 年，学术界首次从理论的角度描述供应链管理，使其和其他物流、信息流管理的传统方法相区别（Cooper，1997）。表 3-1 给出了供应链管理与传统管理方法相区别的特征。

表3-1　供应链管理的特征

要素	传统管理方法	供应链管理
存货管理法	独自进行	联合降低链条内的存货
总成本法	单个公司最小成本法	整个链条系统的成本效率
时域	短期	长期
信息共享和监督程度	限于自身当前交易的需要	为制定计划和监督目的的需要
链条内多层次协调程度	公司双方之间的单个合同的制定	公司及链条的不同层次之间的多方合同
联合计划	基于交易的计划	持续性计划
公司文化兼容性	不相关	
供给商库宽度	为了增加竞争和扩散风险，数量较多	至少主要的关系是相容的
链条领导者	不需要领导者	基于协调的目的，倾向缩小
风险和报酬共享程度	公司自身承担	风险和报酬长期共享
信息、存货流动和运行的速度	库存导向（存储，安全库存），受流动障碍、渠道双方局部化影响	“损害控制”导向（周转速度）；相互之间的流动，准时制生产（JIT），渠道内的快速响应

有一种观点认为SCM仅仅是物流的代名词，SCM仅仅是一个商业时尚，典型代表有Tompkins（1998a；1998b；2000）。相反，Cooper（1997）认为SCM具有比物流更多的含义，借鉴全球供应链论坛（The Global Supply Chain Forum，GSCF）有关供应链管理的论述，给出了如下定义：供应链管理是从原材料投入开始到最终产品送达消费者的主要业务流程的总和。通过提供产品、服务和信息为消费者及其他利益相关方增加价值（Lambert和Cooper，2000），从中我们可以看出，这一定义的焦点集中在主要业务流程，所有流程的提升、监督及整合依赖于较高层次的战略，而这一战略促进了组织内部之间的合作以及技术智力投资。

Van der Vorst（2000）将供应链管理定义为供应链管理是整个业务流程和活动的计划、协调和控制的总和，在满足供应链中消费者及其他利益相关方（政府或者非政府组织）需求变化的条件下，将较高的消费者价值以较少的成本，分配给整个供应链系统。这一定义有以下几层含义：（1）供应链是一系列的企业或组织之间的物流、信息流和资金流（实体和决策的）经济活动的总和。供应链主体不仅包括制造商及其供应商，也包括运输、仓库、零售、服务机构和最终消费者。（2）供应链管理的业务流程是指为特定的消费者或者市场生产特定产品的有组织、可度量的经济活动的集合（DavenPort，1993）。供应链管理除了物流管理外（如配送），还包括产品开发、营销、金融、客户关系管理（ChoPia和Meindl，2001）。（3）价值是消费者对于一个企业所提供产品的意愿并支付价格，它由整个供应链所获得收益来度量。“价值增值”这一概念来源于波特的“价值链”框架，价值创造必然支付因执行该经济活动而产生的成本，如今价值的概念得到了一些扩展，现在所讨论的价值与“3P”联系在一起（Walton，2008），人、地球和利润（People，PlanetandProfit）。因此，除了经济绩效外，还包括社会绩效和环境绩效。

国内学者结合各自的理解，对供应链管理定义给出了不同的定义。马上华（1998）认为，供应链管理是通过前馈的信息流（需方向供方流动，如订货合同、加工单、采购单等）和反馈的物料流及信息流（供方向需方的物料流及伴随的供给信息流，如提货单、入库单、完工报告等），将供应商、制造商、分销商、零售商直到最终用户连成一个整体的模式。陈国权（1999）认为，供应链管理是对整个供应链系统进行计划、协调、操作、控制和优化的各种活动和过程，其目标是要将顾客所需的正确的产品(Right Product) 能够在正确的时间 (Right Time) 内，按照正确的数量 (Right uantity)、正确的质量 (Right uality) 和正确的状态 (Right Status) 送到正确的地点 (Right Place)——即“6R”，并使总成本最小。董安邦和廖志英（2002）认为供应链管理是以“6R”为目标对从供应商的供应商直到顾客的整个网链结构上发生的物流、资金流和信息流进行综合、计划、控制和协调的一种现代管理技术和管理模式。

以上定义不尽相同，各有侧重点，但基本思想是一致的，都强调一种集成的管理思想和方法，即对供应链上的各个环节进行有机集成，实现供应链整体运行效率最大化。本书将供应链管理定义如下：供应链管理是以供应链为对象，面向供应链的设计、运营管理和控制，以用最低的成本为客户提供最大的价值为目标，对供应链中的物流、信息流、资金流进行系统化管理和控制的各种活动的过程。

二、产业集群

（一）产业集群内涵

1. 产业集群定义简述

产业集群是一个多重的概念，最早由迈克尔·波特（MiChael Por-Ier）引入。其既可以表示同种产业的不同企业在地理上的集聚，也可以表示关联性产业支撑服务机构在地理上的集聚。波特所定义的“集群”是某个领域内地域上接近的公司集团和关联组织，他们通过商品和辅助活动相联系。他认为产业集群并不一定要求在地理上很靠近，集群的地理范围可以从一个城市或者从一个州延伸到一个国家甚至几个相邻的国家（POrter，1998）。孙洛平和孙海琳（2006）指出我国的产业集群一般都发端于一个市镇，甚至一个自然村，然后不断地在地理上扩张。即便是扩张以后的产业集群，一般也不会超出一个中小城市的范围。出于不同的研究目的，对集群的认识角度是多样化的，如区域视角、产业或部门的视角、企业视角、某类产品的视角等，从这些角度衍生出众多有关集群的概念，如产业集群、创新集群、区域集群、价值链产业集群等。Aziz 和 Norhashim（2008），Martin 和 SunIey（2003）较为系统地对比分析了关于对产业集群的定义，表 3.2 对相关文献中的概念进行了搜集（这一表格建立在 Martin 和 Aziz 的研究基础上）。

2. 产业集群的内涵

从上述有关产业集群的概念上来看，迄今为止，产业集群的概念国际上尚无统一的定义。但是我们可以看出这些概念均涉及了空间、产业部门这样的词句，并且存在一些共同的目标指向——地理集中或者接近、集群主体、关联产业以及网络结构。我们可以将这些定义的不同归结为选择用不同视角观察集群所造成的。基于上述概念，我们可以看出集群具有下列含义：（1）产业集群是一定区域内的经济活动空间集聚现象；（2）产业集群是一个包含了某一或者相关产业从投入到产出以及流通的各种相关行为主体的完备的价值增值网络；（3）产业集群是一个介于市场和等级制之间的新型的、高效的经济组织形式。

表3-2　一些文献中的集群概念和特征

作者（年代）	对集群概念的界定
Porter（1998）	集群是相关企业和机构在某一特定区域的地理集中现象。集群由一系列相关联的企业和其他对竞争有重要影响的实体组成。
Swann & Prevezer（1996）	一个集群是指在某一特定区域中相关产业的一个大企业群。
Enright（1996）	一个区域集群是一个产业集群，其中成员企业相互之间紧密集聚
Rosenfeld（1997）	集群仅仅被用于代表那些因为地理集聚性和相互依赖性而能够协同生产的企业的集中，即使它们的就业规模可能并不突出。
Feser（1998）	集群在这里被定义为基于一个地理空间上，同一产业内企业以及相关支撑性机构的集合。
Roelandt&den Hertog（1999）	集群的特征是在一个价值增值生产链中相互联系的，具有强烈相互依赖性的企业（包括专业化供给者）组成的生产者网络。
Simmie&Sennett（1999）	主要通过供给链，并在相同市场条件下运作的，具有高层次协作的大量相互关联的产业中的企业和（或）服务性企业。
Crouc&Farrell（2001）	一个集群是指在某一特定领域，由于共同性和互补性，由相互联系的企业和相关的机构所形成的一个地理上集中的群体。
VandenBerg，Braun，Van Winden（2001）	目前流行的名词“集群”是一个主要与网络中地方或区域维度相联的概念，大多数定义都具有这一观念：集群是那些生产过程由于商品、服务和（或）知识的交易而紧密关联的专业化组织的地方化网络。
DTI(2005）	集群具有两个重要的因素：一是集群内部的公司必须存在联系；而是相互有联系的企业群相互之间必须地理接近。
马亚峰，张强（2006）	产业集群实质上是一条或数条供应链在一定地理区域的局部集中。

本书所采取的产业集群指向具体某类产品，不但在地理上集中，而且在特定产业或者几种产业内，由相互关联性的企业、专业化供应商、服务供应商、相关产业的厂商以及相关的服务性机构（如政府、科研机构、制定标准化的机构、行业协会、银行等）所构成的集合体。这个定义包含了如下思想：（1）产业集群的主要功能是向其客户提供某类产品和相关服务；（2）产业集群中的企业均是围绕该类产品和相关服务而

设立的；（3）这些企业之间形成了供应链关系；（4）产业集群主体除了生产产品的主体外，还包括其他支撑性机构，但这些支撑性机构的最终目的是为产品生产提供支持和便利；（5）产业集群的主体在一定区域或者数个区域内形成地理集中。

（二）集群治理

"治理"理念引入区域内，产业发展研究始于 Brusco（1990）。Gils-ing（2000）首次提出集群治理的概念，将集群治理定义为"集群内成员旨在促进和改善创新进程的明确的联合行动"这一定义指出了集群治理的目的以及集群治理的主体，认同集群治理由集群内部发起，是面向创新的，本质上是动态发展的。相反，Ritter 和 Gemiinden（2003）等从管理学角度概括了集群治理的内容（集群组织的交易、协调、计划、组织、人事和控制），认为集群治理是一种自上而下的管理方式。DeLan-gen(2004）则认为集群治理是集群内各种协调机制的混合体及其相互关系，为集群绩效的重要决定因素。Visser（2003；2006）在 DeLangen 的基础上，提出一个有关集群治理的研究框架，采用信任、中介机构行为、领导企业行为和集体行动体制四个要素来对集群治理概念进行刻画。并以智利葡萄酒业集群为例，探讨了集群治理的重要性，以及四个要素在集群治理方面的地位：行业协会在此过程中起到了实质性的积极作用；核心企业的治理功能随后发展起来；作为非正式制度的地方企业间信任虽然有一定程度的体现，但并不显著；集群整体层面上的集体行为仍然缺乏效率。

在我国，集群治理研究领域在 2004 年后开始受到学者们的关注（余秀江，2008）。但主要集中于理论方面的探讨，在案例分析方面鲜有文献。黄喜忠和杨建梅（2006）认为集群治理就是通过正式的或非正式的制度与规范，不断协调集群中有利益相关者的行动。这些利益相关者包括集群内部价值链上的所有参与者，是以建立和保持集群持续竞争优势为最终目的，以治理机制为核心，主要由集群内部发起的、所有集群成员都参与的集体活动。魏江和周泯非（2009）认为集群治理是指集群层面上对集群参与者交互活动存在约束和激励作用的各种内生性协调机制总体，是同时包含着地方经济和行政权威、社会规范和协会机制等多种微观治理机制的一整套制度安排。于永达和陈琳（2008）认为集群治理是集群内各主体在演化过程中共同博弈的结果。有效的规则在集群自发的演化进程中得以模仿和传承，而相应的主体则发挥着梳理和强化的作用，并在适当的时候推进制度的变革。

安曼（2007）根据企业集群自身的网络属性特征，提出集群治理的三个层次分析框架：集群外部治理、集群内部治理、群内企业内部治理。这三个层次分别对应着三种治理结构：市场治理、网络治理、科层治理。有些学者认为集群治理主要是指网络治理，也有学者（朱华友和陈军，2009）认为集群治理包含网络治理和价值链治理，其中价值链治理偏重于集群的外部关系治理，而网络治理则偏重于集群所在区域中企业关系的治理。不同层次的治理结构或者组合均能刺激产业集群的优化升级。

根据上述定义可以看出，集群治理具有自身的一些发展规律和特征，既不是纯粹主观设计的产物，也不是纯粹的组织过程。任何一类组织的有效运行以及组织功能和目标的实现，都是建立在有序和可预测的组织秩序基础上的（杨慧，2007）。产业集群的结构决定了集群治理方式，农业产业集群供应链关系的客观存在，为农业产业集群治理采用供应链管理方法提供了基础。

三、供应链集成下的农业产业集群

有些学者认为，产业集群本身就是供应链或者供应链的相关环节在特定区域的集中。产业集群不仅强调相关企业在一定地域上资源、产业的集聚，更有产业上的专业化特征，它们在供应链上存在横向规模化和一定产业范围内的纵向专业化，这种横向规模化不仅仅体现于生产制造上，同时也在研发、物流、营销、售后服务环节上得以体现，从而形成集群的供应链网络结构。如果没有供应链特征存在的集群网络会导致组织内企业生产同质化、无差异的产品，最终的结果是相互间的恶性竞争；如果没有集群网络，供应链系统组织会因只有合作而无竞争从而沦为低效率的组织。由此可见，产业集群和供应链之间存在天然的内在联系，从供应链视角观察农业产业集群，可以看出农业产业集群具有如下特殊性质：

（一）农业产业集群主体

1. 农业产业集群的供应链主体

集群供应链主体包含上游的供应商和下游的客户。上游供应商提供原材料、专业化设备和服务，下游客户则可能是整条供应链的最终消费者或者中间品加工商。集群同时拥有大量的利用相同基础技术、原材料以及专业化设备生产相近或者互补产品的制造商。供应链是一个复杂的系统，可以只包括核心企业、核心企业的中间品供应商和核心企业的客户，也可以包括从初级原料供应商至最终消费者所有上下游组织（Van der Vorst，2005）。有些供应链主体经营的业务范围包含有多个业务环节，并在网络链中拥有多种角色，如马陆葡萄集群的葡萄种植户是供应链的组成部分，在某条供应链中它是客户（对于种苗供应企业或者葡萄研究所来讲），同时它又是供应商（对于拍卖市场而言）；也可能是合作伙伴（对于包装袋加工厂），或者是另外一条供应链的竞争对手（其他葡萄种植户）。从图 3.1 可以看出，供应链不仅只有一条供应链或者一个业务流程，而是同时包含纵向和横向的关系。因此，链条主体在不同的链条中承担不同的作用并且建立各种不同的伙伴关系。简单来讲，某一供应链主体可以同时在不同的链条中担当不同的角色并参与不同的业务流程，并且主体所建立的横向和纵向的伙伴关系也会根据需要发生变化。

2. 农业产业集群的相关利益主体

除此之外，产业集群还包括相关辅助产业企业、大专院校、科研院所、标准制定机构、智囊团、职业培训机构、行业协会以及政府机构等相关利益主体（Aziz 和 Norhashim，2008；Morosini，2004）。

（二）农业产业集群的供应链区域特性

完整的农产品供应链包含了从“田头到餐桌”的各个环节。农业产业集群农产品初级生产条件的特殊性以及农产品本身的性质，会在不同区域形成部分供应链环节集聚的集群。如粮食耐储运、区域流量大，则会在一些利于粮食生长的地方形成粮食生产基地，但后续初级加工以及深加工企业则不一定靠近粮食生产基地，因此农业产业集群的核心供应链结构极有可能是部分供应链，在农业产业集群内部很少能够形成完整的供应链条。又如蔬菜、水果等，保鲜对保持产品质量和销售量有重要的影响，产业集群的区位则会靠近销售市场，且供应链相对比较完整。由于农业产业集群产品品种多样，加工程度各不相同，所以两种类型的供应链均有可能涉及，其中某些供应链比较完整，而另外一些供应链则相对不完整。

（三）农业产业集群的外部关系

研究产业集群的文献强调集群内部治理、企业之间以及企业和相关利益主体之间相互作用的重要性，促进产业集群优化升级的因素主要归结于区位要素。虽然产业集群，特别是有出口倾向的集群与集群外部市场存在联系得到广泛认同，但是外部关系相对来讲不够紧密，在理论发展上也有所滞后。现代社会的变化日新月异，技术的快速发展、全球竞争激烈程度加剧、消费者对农产品要求越来越苛刻，这些变化给企业特别是涉农企业提高生产和产品质量造成了很大的压力。农产品要想获得竞争优势，必须能够对从田头到餐桌的整条供应链进行有效管理，这对农业产业集群也不例外，即便有意识地从供应链角度整合产业集群内部供应链关系，若外部联系较松散，忽略农业产业集群本身是从田头到餐桌整个供应链网络的一部分，运用供应链管理方法治理农业产业集群内部供应链，产业集群依然无法快速响应市场需求，提升产业集群的竞争力。因此，只有将农业产业集群的供应链链条向集群外部延伸至最终消费者，才具有强劲的竞争力。

（四）农业产业集群内部关系

1. 集群内部供应链关系

Lazzarini（2000）在界定网络链中的基本关系时认为可以使用组织理论中的三种关系描述网络链（如图 3.3 所示）。Thompson（1967）认为企业之间的相互依赖关系对应着不同的协调方式。协调方式对节点企业之间的相互依赖关系进行协调、管理和控制。提高供应链的效率和绩效非常重要。互相依赖的模式分为三类：

（1）汇聚式关系（Pooled Interdependence）是指群组内的个体彼此是相互独立的，强调如何确保各部门、各工作单位都能依照计划完成工作，不会发生冲突。这一类的组织比较倾向于机械式，即标准化合作方式（Standardization）。

（2）序列式关系（Sequential Interdependence）是指工作的完成有先后顺序，强调在整个生产过程中，每一个环节相互连接，环环相扣，建立标准作业流程。这一组织属于机械式居多，除了标准化作业外，组织权威层级的确立也很重要，合作方式体现为规划合作（Coordination by Plan）。

（3）互惠式关系（Reciprocal Interdependence）相对来讲比较复杂，群组内个体之间相互关联，没有顺序从属关系，需要相互支援、互补。强调工作非设定性的，重视人与人的互动沟通，个人和工作之间有很多弹性，需要彼此相互协调配合。这类组织通常是有机结构，合作方式体现为互相调适（Mutual Adjustment）。

2. 相关利益主体与农业产业集群供应链之间的关系

农业产业集群的主体由农业生产资料供应商、农产品种植者、养殖者、加工者、物流服务经销商、相关支撑机构和政府等组成。由此可以看出农业产业集群主体和供应链主体并不完全一致。除了直接参与产品生产和流通的主体（供应链主体）外，还有一些相关利益主体。

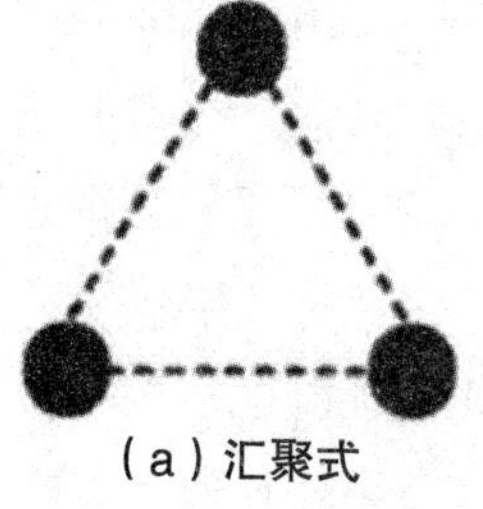

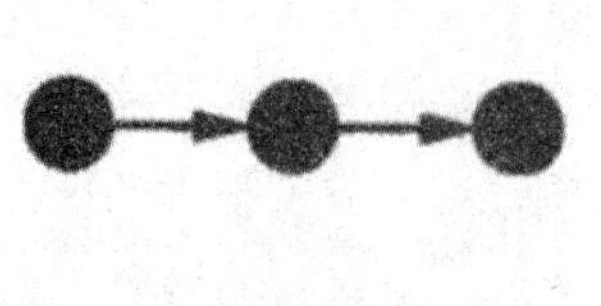

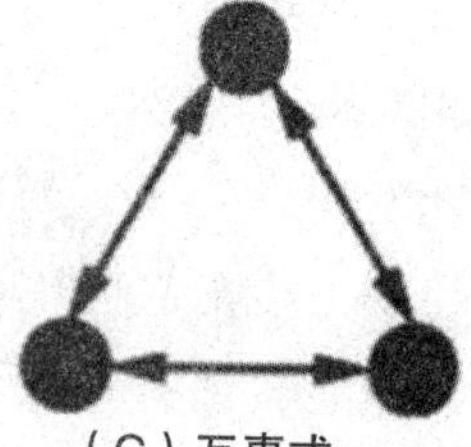

图3-3　组织间关系的三种类型

这些机构虽然没有直接参与供应链，但是为农业产业集群供应链的发展提供各种配套服务、高效的支撑性机构以及政府的扶持和支持是农业产业集群能否顺利发展的一个十分重要的条件：（1）相关支撑机构是连接供应链主体的纽带，对于农业产业集群来讲，产业跨度大，关联产业较多，没有良好的支撑机构，易导致各产业之间关系松散，因此农业产业集群中的相关支撑机构的润滑连接作用显得更加重要。（2）政府在农业产业集群中占有不可忽视的地位。有些农业产业集群的形成就是以政府力量推动的，而有些农业产业集群形成之后，政府积极地推动从而加快农业产业集群的发展，如山东金乡大蒜产业集群、寿光蔬菜产业集群等。同时我们也可以发现，在有些农业产业集群的发展过程中，因政府扶持力度不够，集群发展的步伐相对缓慢，甚至停滞不前。农业产业集群相对于其他产业集群来讲，具有一些明显的特征，如农产品初级生产的规模较小；劳动力资源虽然丰富，但是教育水平较低；涉农企业管理水平与其他企业相比，也相对落后；农产品具有满足人们生存需要的特殊性质，在产品质量安全方面也具有更加严格的要求。农业产业集群的健康发展不能没有政府的参与，政府在农业产业集群发展过程中起着催化剂的作用。便于以后的叙述，农业产业集群主体分为两类：一类是供应链主体；另一类是相关利益主体，并且相关利益主体与农业产业集群网络链之间的关系是支撑性关系（如图 3.4 所示）。

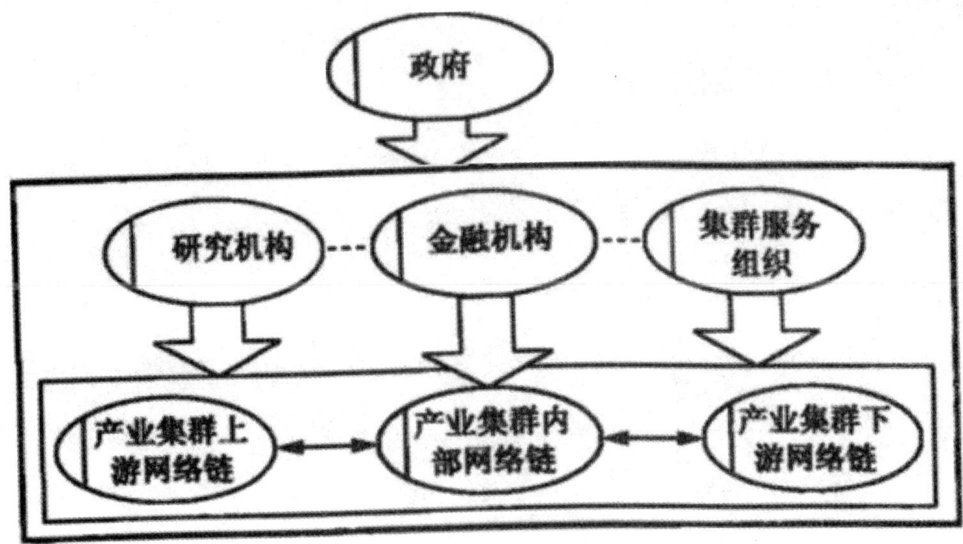

图3-4　产业集群主体关系图

第三节　农业产业集群的供应链网络结构

农业产业集群是一个复杂的生产系统，从供应链角度考察农业产业集群，可以看出农业产业集群的不同种类的供应链相互交织在一起，构成复杂的网络链系统。并且由于农产品与农产品之间的特征有很大区别，从而导致不同产业集群的网络链系统结构存在很大的区别。本节以陕西渭北苹果产业集群为例，来分析农业产业集群的供应链结构。渭北苹果产业集群包含许多不同的主体，如果农、贮藏、包装、加工、销售企业，还包含其他主体，如运输贸易商、苹果产业行业协会、农资销售商、政府等。渭北苹果产业集群主要有鲜食苹果和浓缩苹果汁两种农产品，形成了以苹果浓缩果汁加工为主，同时兼有果酒、果醋以及饮料等深度系列加工产品开发。生产过程从苹果种植开始，经过收获、分拣、果品加工、包装，直至苹果及其加工果品送达至消费者。消费者需求的不同会导致供应链组织和管理方式的不同。下面我们基于有关文献和网站的信息，详细分析渭北苹果产业集群的供应链特征。

一、农产品供应链的基本类型

农业产业集群的网络链是由多种供应链交织而成，因此要准确了解集群的供应链结构，首先需要了解组成网络链的供应链类型。根据不同的划分标准可以将农产品供应链划分为不同的类型。

（一）按农产品特性分类

张晟义（2007）根据农产品的特性将农产品供应链区分为乳品供应链、肉食品供应链、蔬菜供应链、棉花供应链及羊毛供应链等。

（二）按农产品供应链的区域范围分类

按照农产品供应链所有环节所在的区域范围可以分为本地供应链、跨区域供应链、国际供应链。

（三）按农产品是否经过加工分类

Van der Vorst（2000）根据农产品是否经过加工将农产品供应链划分为生鲜农产品供应链和加工农产品供应链两类：（1）生鲜农产品供应链（如新鲜蔬菜、花卉、水果）。一般来讲，这样的供应链包含种植者、交易商、批发商、进出口商、零售商和农贸市场以及他们的原料投入和服务供应商，主要包括收获、储存、包装、运输和贸易等过程，在这些过程中产品在产地的固有特性没有发生变化。（2）加工农产品供应链（如肉、小吃、饮料、甜点、罐装食品）。在这类供应链中，农业初级产品被作为生产具有更高附加值消费品的原料。大多数情况下，保存和加工过程能够延长农产品的货架寿命。这两种供应链的产品沿着供应链流向消费者的过程中，原来具有高品质的产品可能会由于供应链中其他环节参与者的不适当行为，造成产品的质量下降。比如某牛奶场将一罐牛奶在太阳底下露天放置，且不盖盖子，这会导致质量的降低，甚至导致这罐牛奶不再适合加工。再如，如果加工商使用的包装或者技术不能尽可能保持产品的新鲜和营养特征，零售商则会面临消费者的投诉。

（四）按最终消费农产品的加工程度分类

冷志杰（2005）根据最终消费农产品的加工程度分为初级农产品供应链、中级加工农产品供应链、深加工农产品供应链。（1）初级农产品供应链（如米、面），是指经过初级加工后或不加工直接得到的农产品供应链。我国农产品的运输和销售以自然形态为主，一般保持其收获时的原有状态，清洗、分级、包装和预加工等处理措施较少采用，即使有也只是为了方便运输、减少损耗进行的粗包装。（2）中级加工农产品供应链（如净菜、半成品），这种供应链具有农产品价值增值的部分。（3）深加工农产品供应链（如罐头、点心、风味食品）。这种供应链的最终产品可直接食用，它的农产品价值增值部分高于初级、中级农产品供应链。

二、渭北苹果产业集群供应链的基本类型

鲜食苹果供应链和浓缩苹果汁供应链是渭北苹果产业集群供应链的基本类型，生产鲜食苹果和浓缩苹果汁。相关经济活动包括物资的投入，各个阶段农产品的存储，将产品从一个生产阶段运送到另外一个生产阶段以及通过各种各样的营销渠道将产品配送给每一位客户。在渭北苹果产业集群中，还存在着对供应链有重要的利益相关主体。

（一）典型供应链的各个生产环节及主体

这条供应链的基本流程可以分为不同的环节，每一个环节都有各自的特征。下面对每一个环节进行详细描述：

1. 苹果种植户为选果分级企业提供原料

苹果主栽品种为秦冠、红富士，占苹果栽培面积的80%以上，早、中熟嘎拉、美国8号、陕嘎3号、GS58、富红早嘎占10%~15%（潘换来，2009）。早、中、晚熟品种结构比例为5：15：80（于冠男，2009）。在苹果种植过程中需要进行疏花疏果、果实套袋、喷药施肥、果实采摘等活动（张和，2009）。在这一过程中会产生一定数量的下落果。

2. 选果分级企业为浓缩苹果汁生产企业以及鲜果包装企业提供原料

正常情况下，选果分级的生产环节由鲜果加工企业完成，也有可能是由果农种植

户先进行手工选果分级然后再将苹果分别送入鲜果和苹果汁加工企业。主要采用两种方式进行选果分级：一是利用分级、清洗、打蜡采后处理生产线；二是靠人工分选、包装。根据果品大小、形状、色泽、品质分为高档果、优质果、中档果、残次果。

3. 果品加工企业可以分为鲜果加工企业和果汁加工企业

鲜果加工企业一般和选果分级企业是一体的，也可能是独立的，对分级后的可供销售的苹果进行清洗、打蜡、包装，将鲜果以大宗农产品形式提供给销售企业。果汁加工企业一般是独立的，但也有可能和鲜果加工、选果分级企业是同一个企业，他们利用残次果以及下落果作为原料，生产初级加工品——浓缩苹果汁，主要包括清洗、破碎、榨汁、杀菌、酵解、清洗、超滤、吸附、浓缩、杀菌、灌装等流程。

4. 营销渠道包括鲜果销售和浓缩苹果汁销售

一是鲜果销售。大部分的鲜果通过超市、农贸市场销售给消费者。

其他的销售渠道有宾馆、餐厅、机构组织等。鲜果的出口主要是通过龙头企业如华圣果业集团销往国外。二是浓缩苹果汁销售。它是加工果蔬汁饮料的基础原料。浓缩果汁的市场主要在国外，也是采取通过龙头企业海升、恒兴等大型果汁企业销往国外。另外有一些作为原料被集群内其他深加工企业加工成果酒、果醋以及饮料等。

5. 消费

消费者是供应链的最末端。他们的购买和消费行为偏好对鲜果以及苹果加工品的生产有着深刻的影响。食品安全、健康、环境保护等都是当今消费者关注的主题。

（二）相关经济活动

在供应链的投入环节，农药、化肥、果袋等农资供应商起到了非常重要的作用。食品安全、卫生、农药残留等问题是消费者关注的大事，生产无公害食品是市场的需求，也是我国食品生产的大势所趋。这些生产资料投入品的安全使用是确保苹果安全生产的关键，也直接影响到优果率的提高率；病虫害防治机构定期查看果树的健康状况，并且给果农提出相关的病虫害防治建议；硬件设施供应商，他们销售果园设备和技术，比如果园设计、灌溉设施等。

果树良种繁育机构对苹果种植环节有着重要的支撑作用。农产品是品种差异很强的产品，品种的不同影响着品质的差异，进而影响了消费者的需求，这与产品的市场竞争力密切相关。果树良种繁育机构进行的果品种引进、繁育、推广工作可以使得苹果品种结构趋于合理，提高苹果单产和质量，使得产量稳定增加。

其他的利益相关者对整个供应链的组织和运行有着很大的影响，当然所带来的影响是通过供应链主体表现出来的。政府给予苹果产业大力的支持和经济投入。如苹果产区各级政府设立了农业专项资金，集中投向基地建设；陕西省果业信息中心专门为基地县和企业在互联网上制作信息网页，发布各种果品、果汁产销信息，为苹果的销售牵线搭桥；政府各级果业部门加强了果业生产、贮藏、加工、包装、销售与出口各个环节的综合和协调（于冠男，2009）。技术推广机构将科研成果能迅速转化为生产能力，促进果品质量的提高，提高陕西苹果的质量和科技含量。如进行科学施肥、合理用药、果实套袋、铺反光膜等先进实用技术的推广工作，提高果园管理水平。行业协会、专业合作社作为供应链一些环节或者全部环节的中介机构，提高产品质量，促进商品流通和销售，金融机构通过贷款的方式提供资金。科研机构和大学主要是从长期发展的角度看可以改善苹果生产和供应链的组织过程。最后，社会舆论影响着对环境保护和食品安全等问题解决的速度。

运输商在供应链各个主体之间运输苹果以及苹果加工品，运输工具如卡车可能是由供应链主体所有，也有可能是由运输公司所有。贮存企业为苹果种植户以及各种加工、销售企业提供专用仓库存储苹果及苹果加工品，存储工具如冷库可能由加工、销售企业拥有，也可能是独立的存储企业。贸易经纪商、经销商、配送企业在提供产品和服务，包括运输等活动起着重要的作用。贸易商在有些供应链环节之间通过提供供给、需求信息充当媒介作用。经销商向供应链主体提供多种多样的产品，如肥料、果袋以及相关的服务，这类主体一般都是本地的。配送企业则将供应链的各个环节连接起来。

渭北苹果产业集群形成了包括果品包装、贮藏、加工、运输、销售及信息等环节的产业集群现象。如礼泉县全县耕地75万亩，现有果树面积70万亩，年产果品80万吨，收入近10亿元。在果树种植的基础上，以县城为中心，现建有包装材料、果品、劳务、运输等专业市场10个。大小运输企业20多个，劳务市场日上劳工平均3万余人。县城建有两个浓缩果汁加工企业和1个饮料企业，年加工果汁能力30万吨。还有包装袋、包装箱、发泡网厂200多家，各类果行、经销公司400多家，苹果销售专业村100多个，长期在外经销果品的农民1万余人，并在全国30多个大中城市建立了100多个果品销售点，在8个周边口岸和边贸地区建立了贸易窗口（赵贵宝，2008）。

苹果种植生产过程常常被称为初级生产过程。渭北苹果产业集群中大部分供应链都可以归类为这两种基本供应链，可以看出浓缩苹果汁供应链属于国际供应链。在渭北苹果产业集群中，仅仅是整条供应链中一些环节的地理集中，同时它也是加工农产品链，生鲜苹果供应链大部分是跨区域供应链，也有一部分属于国际供应链，同时它也属于初级农产品供应链。但是依然还有其他一些类型的供应链，与典型供应链相比，仅在一些环节存在差别，将会在下文中进行分析。

三、其他类型的供应链

（一）浓缩苹果汁供应链

陕西渭北苹果产业集群中绝大部分浓缩苹果汁是按照典型供应链流程进行加工的。最接近浓缩苹果汁供应链的是使用专用原料果进行加工的浓缩苹果汁供应链，主要区别在于专业原料果经过初级生产过程之后，不需要进行分级过程，直接运送到果汁加工厂。当然在初级生产阶段，农药化肥的投入以及果园的管理与鲜食果的初级生产是不同的，专业原料果的生产成本更低。

（二）定向鲜食苹果供应链

地域性供应链属于较短的供应链，本质上与鲜食供应链没有太大的区别。主要的区别是它们相当短并且关注于一个具体细分的市场。常常由本地的苹果种植户发起与固定的餐厅、宾馆、企业等建立稳定的供应关系，定向鲜食苹果链的初级生产过程中更加注意农药化肥的使用以及苹果品质等。

（三）深度系列加工产品供应链

这种供应链与浓缩苹果汁供应链最明显的区别在于：果酒、果醋以及饮料等产品的生产即在苹果产业集群之内，即在集群区域范围内形成了完整的深加工产品供应链条。

（四）有机苹果供应链

这种供应链与鲜食苹果供应链主要存在如下区别。

1. 有机农产品必须具有严格的生产管理体系

原料必须来自已经建立或正在建立的有机农业生产体系，或采用有机方式采集的野生天然产品；有机苹果的种植不使用化学合成的农药、化肥、生长调节剂等物质，而是遵循自然规律和生态学原理（查养良，2009）。有机苹果的种子或种苗来源于自然界，且未经基因工程技术改造过；在生产加工过程中禁止使用农药、化肥、激素等人工合成物质，并且不允许使用基因工程技术；作物秸秆、畜禽粪肥、豆科作物、绿肥和有机废弃物是土壤肥力的主要来源，作物轮作以及各种物理、生物和生态环境保护措施是控制杂草和病虫害的重要手段。并且考虑到某些物质在环境中会残留一段时间，有机果品在土地生产转型方面有严格规定，土地从生产其他果品到生产有机果品需要 2~3 年的转换期。

2. 产品在整个生产过程中必须严格遵循有机农产品的加工、包装、贮藏、运输等过程；生产者在有机农产品的生产和流通过程中，有完善的跟踪审查体系和完整的生产和销售的档案记录；必须通过独立的有机农产品认证机构的认证审查（王艳花2009）。由传统的生产方式转向有机生产方式是存在一定困难的，主要表现在整个果园体系必须做出严格调整，并且各个阶段的相关操作也会发生变化。有机苹果种植户需要从专业的农资供应商获取有机肥料、农药，在整个种植过程中，与普通苹果种植相比，劳动密集型程度更加高。由于有机苹果供应链生产成本与普通苹果相比成本更高，不能够被消费者普遍接受，因此目前有机苹果的主要市场是欧美国家的高端市场，但随着我国消费水平的提高，在国内某些大城市也存在有机苹果的消费市场。

（五）相似点和区别

上述四种供应链在某些方面存在相似点，但在某些环节也非常不相同。图 3.6 描述了这四种供应链。在图 3-5 的中间部位描述了典型供应链。大部分的苹果和苹果加工品沿着这一链条流动。苹果种植户可能在做好选果分级工作之后，再将产品运送到相关企业。因此，专用加工苹果链与浓缩苹果汁链几乎完全重合。定向鲜食苹果链在初级生产阶段完全一样，尔后可能是苹果种植户自己分类包装，或者送至小规模的选果分级加工厂进行，然后定点送至相应的客户。深度系列加工产品供应链在果汁加工过后，进行深加工，以完成品形式进入最终消费市场。有机苹果种植与生鲜苹果种植完全不同，但在后续的选果、加工中需要经过相同的操作流程。有机苹果的销售经过一些特定的销售渠道销往特定的市场（主要是出口）。

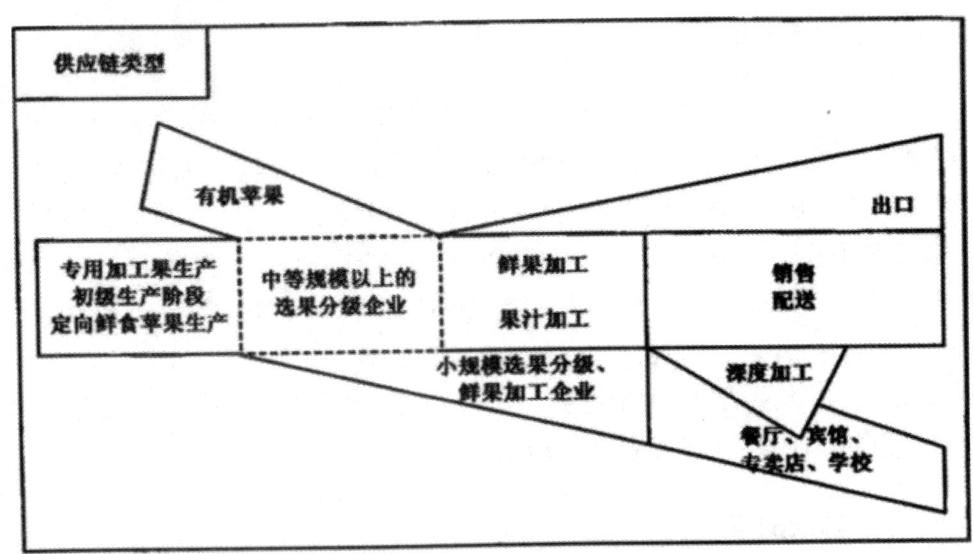

图3–5　渭北苹果产业集群的供应链类型以及相互间的关系

第四节　农业产业集群供应链生产和组织过程

一、农业产业集群供应链生产过程

下面以典型供应链的生产阶段为例，描述陕西渭北苹果产业集群生鲜苹果以及浓缩苹果汁的生产情况。

（一）果树良种繁育

陕西省果树良种苗木繁育中心负责全省果树种质资源收集、整理和保存工作；负责全省果树苗木的引进、选育、试验、示范、繁育和推广工作；承担全省果树苗木的质量检验和监测工作；组织全省果品生产关键技术的研究和推广等工作；围绕种苗生产、推广、销售提供信息服务，开展技术培训。并且陕西省“十一五”农业和农村经济发展专项规划指出，要按照建设“1 个中心 6 个分中心”的果树良种苗木繁育体系框架，扩建省果树良种苗木繁育中心，加强延安、渭南、宝鸡 3 个市级在建种苗扩繁分中心的建设，新建铜川、咸阳 2 个市级种苗扩繁分中心，按照发展需要，选择一批重点产业县建立繁育苗圃。加快引进优新品种，选育具有自主知识产权的优良品种，加强品种的审定、推广工作，保证生产发展和苗木更新的需要。

（二）苹果种植

陕西苹果种植及生产主要以农民栽培为主，果农人口众多，而平均农户种植面积为 0.5~2 亩。2008 年，陕西省果园面积达到 1426 万亩，其中苹果园面积 796.3 万亩，产量达 745.5 万吨，占全国苹果总产量的 1/3（2008 年陕西省果业发展统计公报）。因而存在如下特点：（1）主栽品种比较单一，红富士栽培面积接近总栽培面积的 50%；（2）品种结构搭配不合理，早中熟品种相对较少。目前的主栽品种以晚熟红富士、秦冠为主（约占 75%~80%），早熟品种不足 5%，中熟品种（如美八、嘎拉）约占 10%~15%，致使成熟期过于集中，苹果采后市场销售压力大；（3）鲜食品中，适用于加工的品种很少（王炳建，2007）。

（三）鲜果加工

陕西省有分级、清洗、打蜡采后处理生产线 20 条，年加工苹果能力仅 10 万吨（王炳建，2007）。大部分果品靠人工分选、包装，存在分级不严格，以次充好，缺少清洗、打蜡程序，包装不规格等问题（潘换来，2009）。存在众多的小规模鲜果加工企业中龙头企业有陕西华圣企业集团果业公司、白水三联果业有限公司、洛川苹果集团公司、礼泉县果品有限公司等。陕西华圣企业集团果业公司成立于1997年，总投资达3.5亿元，是一家致力于苹果公司的企业，是陕西省唯一一家集鲜果收购、贮存和销售为一体的国家级农业产业化龙头企业，占全省出口创汇的45.3%（毛凤霞，2009）。目前华圣果业拥有国内最大、最先进的气调保鲜库2座，总库容4万吨；拥有国际先进水平的每小时加工能力分别为40吨和10吨的鲜果自动光电分级、精包装分选线两条；拥有年运输能力在2万吨以上的日本产的尼桑40英尺冷藏保鲜运输车队，确保全程冷链运输。

（四）浓缩果汁加工

1993年以来，陕西省形成了以苹果浓缩果汁加工为主，同时兼有果酒、果醋以及饮料等深度系列加工产品开发的项目。陕西是全国最大的浓缩苹果汁生产加工基地，浓缩苹果汁产量占到全省果品加工业总产量的90%以上。2006年全省共有浓缩苹果汁生产企业17家，35个加工厂（在省内建设的加工厂25个，在外省建设的加工厂10个）共43条生产线。其中正常生产运营的企业15家，30个加工厂，年果汁生产能力50万吨，总资产43亿元，其中固定资产19.7亿元。按加工规模划分，年加工能力10万吨以上的企业有2家；年加工能力2.5万吨以上的企业有6家；年加工能力2万吨以下的有6家；按投资商划分，属外商投资的企业2家，外省在陕投资企业有4家，省内投资建设的企业有9家，生产能力约20万吨；在省内建设的共15家企业，23个加工厂，生产能力约35万吨。2006年全省浓缩苹果汁产量为552892吨（段玉景，2007）。龙头企业有陕西海升果业有限公司、陕西恒兴果汁饮料有限公司、韩城中鲁果汁有限公司、富平三阳果蔬汁有限公司等。

（五）销售

目前陕西有30万行业人士参与果品流通，是果品市场营销的主力军。各个果业基地县都有许多果行、经销商，在全国各地的果品直销点也达200多个（王炳建，2007），但无论是果行还是销售点之间，大多各自为政、分散经营。随着市场供求形势发生变化，谈判交易成本增加，果品推销困难。2005年，陕西全省苹果销售总量达480万吨，创下10年来苹果销售最高纪录。这与陕西苹果品牌效应的关系密切，在陕西苹果知名度不断提高的情况下，国内市场进一步拓宽，湖北、湖南、河南、四川、重庆、内蒙古等地已成为陕西省中档苹果的主销地。同时，陕西苹果已销往全国30

个省市区，约占国内苹果销售量的3成。与此同时，陕西苹果出口贸易也取得新的进展，出口新增了阿根廷、安哥拉、阿尔及利亚3个国家，陕西果品出口已达56个国家和地区。陕西省目前已经成为全国苹果浓缩果汁出口第一大省。2002年，省果汁加工和销售企业出口果品总量为14万吨，创汇6771.5万美元，成为欧美果汁贸易的主要供应商。果汁质量得到保证，得到雀巢、亨氏、纯品、玛斯、百事、纳贝斯克、卡夫等国际知名品牌的一致认可（于冠男，2009）。

在储藏环节，陕西省果品储藏能力约235万吨，但气调、冷藏能力不足65万吨，只占全省果品总产量8.5%，而气调库贮藏量为18万吨，约占全省苹果产量的大多数是贮藏期较短、贮藏效率较低的土贮库，难以起到延长销售周期、衔接产销的作用（毛凤霞，2009）。在运输方面缺乏专业化冷藏运输工具，容易导致果品变质，降低价值。在农资投入方面，果袋等包装厂发展迅速，除了为渭北苹果产业集群苹果产业提供必要的套袋、果袋包装等，还为其他区域的果农和果品加工企业提供包装。在农药、肥料供给方面，农药市场混乱，价格飞涨，各种新药层出不穷，给广大果农选择药剂带来了挑战。而且有机肥源严重不足，直接导致化肥施用量加大（张和，2009）。

二、农业产业集群供应链组织过程

（一）规章制度

食品安全、卫生、农药残留、环境保护等问题是各个消费市场消费者所关注的重要问题，生产无公害食品是市场的需求，也是加入世界贸易组织后，我国食品生产的大势所趋。我国政策法规的制定在食品安全等领域相对滞后，社会舆论的压力加速了我国有关食品安全立法的进程。我国食品安全是按照食物链的环节划分，由不同部门分工监管，在各个环节的衔接处存在大量监管空隙，而安全事故往往发生在这些环节上。如“三鹿”奶粉事件，就是身处“缝隙”的奶源站出了事，农业部门认为奶站归质检部门管，质检部门认为这是农业部门的事，结果出现“都不管”的现象。政府想要提高食品生产部门的质量水平，则必须实现食品安全监管的“无缝对接”。再如陕西口味上乘的“粉红女士”苹果，由于生产管理没达到国际标准而使到手的300吨出口订单不翼而飞，造成很大的损失。

虽然陕西苹果目前已销往50多个国家和地区，但仔细分析可以看出，这些出口几乎都是在东南亚和港澳台这些中等发达的地区，而打入高等发达国家欧、美、日的产品则非常少，这意味着陕西出口农业目前的现状是不能长远发展的，因为如果不放眼长远，随着东盟、港澳台等中等发达地区达到欧、美、日的标准，那么陕西苹果出口面临的形势将非常严峻。陕西苹果产量占世界总量的 7%，出口量却不足国际贸易总量的 1%，而同期国际市场短缺苹果 6000 多万吨根据我国食品安全的现状以及陕西苹果面临的国际市场的严峻挑战，各级政府采取了如下措施：

（1）我国《农产品质量安全法》《食品安全法实施条例》《食品安全法》《流通环节食品安全监督管理办法》《食品流通许可证管理办法》等法律法规相继出台，为我国食品生产、流通提供了基本规范保障。

（2）全国第一个省级果业管理机构陕西省果业局于 2001 年成立，充分发挥省委、省政府赋予的“综合协调与管理全省果业生产、加工、贮藏、流通与出口”的职能，在抓技术、抓质量的同时，也加大了对果品基地的保障工作。

（3）《陕西省人民政府批转省果业管理局关于全面推进无公害果品生产保障果品果汁安全出口的实施意见》《省果业管理局办公室、省绿色食品办公室、关于做好绿色果品生产基地管理的意见》《陕西省人民政府关于印发省农业产业化经营重点龙头企业认定和运行监测管理暂行办法的通知》《陕西省果业管理局关于加强果园后期管理的通知》《陕西省人民政府关于加快渭北绿色果品基地建设的意见》《绿色食品认证及标志使用收费管理办法》等法规政策的实施，有利于陕西果品质量的提高，促进了渭北苹果产业集群竞争力的提升。

（二）中介组织

陕西省果业协会是一个为整个果品供应链发展提供支持的组织。会员以基层果协、果品产销大户和科技人员为主，发展到果品加工、贮藏、营销企业加入，成为全省行业性的社会团体。果业协会可以看作是纵向联合的中介机构，职能主要是为会员提供信息、科技、购销、维权等服务，引导联合协作、推进产业化经营、发展名特优新果品、提高质量和效益等。横向联合的中介组织主要表现为供应链中某一环节上，横向众多相似或相同企业或果农的联合，陕西渭北苹果产业集群有很多这样的中介组织，如陕西果业合作社、经济合作组织、流通型专业合作社等。

下面根据基本供应链的相关环节，分析环节上的中介组织或联合会的发展情况。

1. 果树良种繁育

陕西省果树良种苗木繁育中心（简称中心）是陕西省果业管理局直属的事业单位，主要负责果树种质资源收集与保存、无病毒良种苗木繁育与推广、苗木质量检验监测、新优品种的研究与推广等工作。中心现拥有土地 1335 亩，组培室 2000 平方米，调控温室 4000 平方米，网式大棚 2000 平方米。在铜川设有种源基地 255 亩，收集保存果树品种 190 个，并建立了 28 个品种及砧木的无病毒苗木繁育体系。在杨凌设有种苗基地1080亩，2008年11月开始建设，将生产良种接穗1000万根。在市、县建立了一批苗木基地，生产优质苗木3000万株以上。并且中心与国内外多个科研院所建立了合作关系，引进新优品种和先进技术，与日本、新西兰、智利等国家及国内院所的专家经常交谈，合作开展实验项目，交流技术。与此同时，积极开展自主创新，研发新品种、新技术，选育的“玉华早富”“信浓红”苹果品种，已在省内大面积栽植推广，培育的高端苗木，享誉全国。

2. 初级生产过程

我国农业市场化以及农业参与国际竞争是以小规模、分散化的农户为基础和基本单元的。然而，面对竞争激烈、千变万化的市场，分散、弱小的农户难以克服其自身的弱点，具有进入市场、参与市场竞争的“功能性缺陷”（毛飞和霍学喜，2008）。因此，培育和发展多种形式的农产品合作流通组织是农业产业化的必要条件。截至2008年底，全省已有农民专业合作社3544家，成员47123个，其中农户44680个，占94.8%（徐红梅，2009）。但在实际操作中，发现合作社主要是在当地政府的支持和帮助下对农户进行苹果种植技术方面的指导和培训，但很少介入苹果销售环节（毛飞和霍学喜，2008）。很大一部分果品是通过农户自售、个体商贩代理、果品收购公司代销等交易方式完成，交易成本、市场风险都很大。现在实际中果品物流形式常是“果农一中间商一市场批发商一市场中间商一零售商一销售商”（王艳和刘世杰，2007），苹果从生产者到消费者经历多个销售环节，果品随货主转换场所，物流环节多、路线长、多次装卸搬运和包装使得果品物流损失增加，中间商层层瓜分中间利润，果农只能获得有限的农业生产收益，商业利润大打折扣。

3. 加工等环节

在苹果的再生产环节中，就某一环节或某一产品组建的行业协会，在渭北苹果产业集群中是比较少的，这主要由于处于相同环节的企业之间竞争非常激烈，缺乏整合这一生产环节资源和关系的企业，企业之间缺乏有效合作，就很难组建有效的协会。但一旦组建成功，就能够起到相当大的作用。比如礼泉县2001年成立的工商联果业商会，吸收170个会员，其中有80多个果品经销大户，5个包装运输大户。成立至今已销售果品200多万吨，实现销售收入47亿元，帮助果农增收8亿元（赵贵宝，2008）。因此需要从加工、贮藏、包装、运输、营销等不同环节，以经营规模大且有实力的企业为核心组建行业协会，发挥其组织协调管理功能，创造组织生产力。从实践经验看，社会分工越细、行业越具体，组建的行业协会越容易成功。

从上述的分析来看，我们很难确定渭北苹果产业集群供应链中具有重要支配权力龙头企业或者组织。一般来讲，处于供应链中的客户一方拥有更多的支配权力，比如说鲜果加工企业决定了农户苹果的供给和支付条件。然而，销售企业又支配着鲜果加工企业，鲜果加工企业必须按照销售企业所要求的产品规格提供产品。

（三）信息与通信

整个供应链经济活动的有效协调和集成需要信息的有效运输。渭北苹果产业集群在农业信息化发展方面，虽然在过去10年加快发展速度，但是在应用、开发研究方面仍是严重滞后。信息系统发展不充分，不平衡，商品化应用软件少，所以未能形成将现代化信息技术与产业融合，实现对苹果的生产、加工、储运、流通与市场配送、信息服务以及农业资源环境等整体进行监控。特别表现在供应链上游环节果树良种繁育、苹果种植和果品加工环节之间。例如，有关苹果的病虫灾害和生长情况等信息的多方交流不及时。虽然供应链主体以及相关利益主体对不同主体之间信息交流做出多种努力，但是低成本的解决方法依然缺乏。可能是由于以下：（1）每棵苹果树的生长记录信息与供应链其他环节主体交流是非常困难的；（2）供应链主体认为没有必要或者必须要找到信息交流的有效解决办法；（3）最主要的原因是解决方法需要大量资金的投入，而资金投入不足正是渭北苹果产业集群发展急需解决的问题。目前集群内加强信息交流的主要方式是通过互联网技术建立的一些网站作为平台，这些网站主要依托于政府机构、龙头企业和一些中介组织等。如陕西省专业合作社网、陕西果业信息网、陕西省果树良种苗木繁育中心等。这样果农仅仅需要购置一台电脑并安装宽带，就可以获得或者发布相关的一些信息。但鉴于我国农民的文化素质较低，通过浏览网页而获得的相关技术知识能有多少被果农掌握并用于实践，这是比较难鉴定的问题。而行业协会、专业合作组织中虽有一定量的科技推广人员，但却无法满足集群的现实需求，对相关信息的交流也产生了一定的阻碍。供应链下游的信息流通也存在阻碍，特别是最终消费者对产品要求的信息无法得到有效传递。比如当消费者在购买苹果时，除了知道它的价格和产地信息之外，诸如苹果的采摘日期、销售前的存储方式等信息一无所知。只有当消费者消费之后，才会对鲜果的品质有大概的了解，而对消费苹果的反馈信息无法有效传递给供应链的其他环节，消费者与供应链其他环节进行沟通的途径仅能依靠是否发生二次购买行为。

当然，将生产驱动的供应链生产方式转变为市场驱动需要更多合作和信息交流的供应链生产方式，需要在供应链主体之间建立合作伙伴关系，而这一点也是我国农业产业集群发展所缺乏的。

（四）质量管理

消费者日益增长的食品安全意识加速了质量管理体系和标准的应用。质量管理体系包含了生产、运输安全、高质量食品的政策、业务流程规范和标准（Trienekens，993）。渭北苹果产业集群的农产品生产过程没有能够实现所有产品的生产均采用下面的标准，但已经有一部分产品生产开始使用，并且在国内外市场中，这部分产品的销售已表现出了很好的竞争优势。

1. 地理标识认证

地理标识认证是为了规范农产品地理标志的使用，保证地理标志农产品的品质和特色，提升农产品市场竞争力，标志农产品来源于特定地域，产品品质和相关特征主要取决于自然生态环境和历史人文因素，并以地域名称冠名的特有农产品标志。2003年9月，国家质检总局批准陕西苹果实施原产地域产品保护，范围涉及陕西渭北优生区29个县（市、区）380乡镇，保护区苹果种植面积达400多万亩，成为目前中国地理标志产品保护范围最大的一种产品。

2. 国际绿色果品标准

“绿色果品”是遵循可持续发展原则，按照特定生产方式制造，经专门机构认证（如中国绿色食品发展中心），许可使用绿色食品标志的无污染的安全、优质、营养果品。无污染是指绿色果品生产、贮运过程中，通过严密监测、控制，防止农药残留、放射性物质、重金属、有害细菌等对果品生产及运销各个环节的污染。从广义上讲，绿色果品应是优质、洁净，而有毒有害物质在安全标准之下的果品，它具有品质、营养价值和卫生安全指标的严格规定。世界各国及有关国际组织对绿色果品标准要求不尽相同，如英国、美国、日本、欧盟有各自的标准，西方发达国家统称绿色果品为“有机果品”或“无公害果品”。

3. 国际无公害苹果标准（行业标准）

NY5011-2001 无公害食品苹果，规定了无公害食品苹果的要求、试验方法、检验规则、标志、标签、包装、运输和贮存。

4.ISO9000 系列

ISO9001 用于证实组织具有提供满足顾客要求和适用法规要求的产品，目的在于增进顾客满意。随着商品经济的不断扩大和日益国际化，为提高产品的信誉、减少重复检验、削弱和消除贸易技术壁垒、维护生产者、经销者、用户和消费者各方权益，这个第三认证方不受产销双方经济利益支配，是各国对产品和企业进行质量评价和监督的通行证；作为顾客对供方质量体系审核的依据；企业有满足其订购产品技术要求的能力。

5.HACCP（Hazard Analysis Critical Control Point：危害分析关键控制点

HACCP 主要目的是确保食品在消费的生产、加工、制造、准备和食用等过程中的安全，在危害识别、评价和控制方面是一种科学、合理和系统的方法。但不代表健康方面存在一种不可接受的威胁。识别食品生产过程中对可能发生的环节并采取适当的控制措施防止危害的发生。通过对加工过程的每一步进行监视和控制，从而降低危害发生的概率。

6. 美国 FDA 认证

FDA 是食品和药物管理局（Foodand Drug Adnlinistration）的简称，在中国，由于其标准比较高，因此多以美国 FDA 为最高准则。FDA 作为一家科学管理机构，其职责是确保美国本国生产或进口的食品、化妆品、药物、生物制剂、医疗设备和放射产品的安全。它是最早以保护消费者的联邦机构之一。在国际上，FDA 被公认为是世界上最大的食品与药物管理机构之一。其他许多国家都通过寻求和接收 FDA 的帮助来促进并监控其本国产品的安全。

（五）可持续性发展

食品部门产品以及生产过程的可持续性逐渐获得人们的关注。对于渭北苹果产业集群的发展来说，如下几个方面存在严重的问题：

1. 虽然独特的自然条件禀赋造就了陕西苹果“色泽艳丽、角质层厚、果肉香脆、酸甜适度、耐贮运”等品质特征，但目前广大果区的生产依然没有统一的标准，缺乏龙头企业的带动，技术不统一，产品质量无法统一和保证。生产没有标准，苹果生产后进行简单分级，销售时等客上门现象非常严重。因为不是规模化经营，生产出来的果品没有统一标准，虽然大小、色泽可以简单分级，但难以保证同一批次的果品质量统一，缺乏市场竞争力，销售渠道难以畅通（张和，2009）。陕西渭北苹果产业集群需要建立统一的苹果商品等级标准，实现“从田间到餐桌”全程标准化生产和管理，这样才能引导果农生产出高品质苹果参与国际竞争获胜（张艳和郭继远，2009）。

2. 产品质量安全问题突出，不能满足国际市场需求。在初级生产环节，尽管各级政府和果业技术部门近几年加大力度宣传和大力推行果实套袋技术，生产无公害产品，但在实际生产中果实套袋只占 1/2 或 1/3，远不能满足市场需求（潘换来，2009）。陕西省尚未建成规范的果品出口基地和专用加工果生产基地，生产过程中投入品不合理使用，导致产地环境污染，果品农药残留突出。加之发达国家农药残留标准管理日趋严格，将严重威胁果品、果汁出口。现行的绿色、无公害果品标准与国际标准有较大差距，对接难度很大（毛凤霞，2009）。

3. 陕西苹果没有形成稳定强大的销售网络，销售组织无力，市场拓展困难。由于缺少专业的、有一定规模的苹果流通组织和龙头企业，再加上果品现代化储藏能力不够，每年苹果成熟后前期销售过于集中，后期储蓄又不足，淡旺季的“时间差”不能巧打，造成刚上市时严重过剩，价格偏低，到淡季价格看涨时却缺少高质量果品的现象。同时，由于缺失国内大型整合营销组织和利益相关机构，参与市场竞争的陕西苹果企业各自为政，互拼价格和优惠条件等恶性竞争损害了自身形象和终极利益（张艳和郭继远，2009）。

4. 在陕西省的果品出口中，苹果果汁的出口占到了70%以上，产品结构单一。除了浓缩果汁外，其他如果酒、果酱、果醋、果糖等尚未形成规模化生产能力，而且现有果汁加工企业布局极不合理（毛凤霞，2009）。虽然果汁属于附加值商品，但是，由于这种附加值产品的出口种类单一，只有苹果汁一种，在需求预期良好时，产业竞争力旺盛；但若市场需求转变，则应对市场需求转变的能力较差（丁冠男，2009）。品牌意识淡薄，“陕西苹果”这一地理标志的作用没有得到有效发挥。2003年9月「陕西苹果”获准使用地理标志。经过几年的发展，“陕西苹果，，的地理标志保护区域已达到约26.67万公顷，成为全国最大的苹果产区（陈捷敏，2009）。但由于果农品牌意识淡薄，这一地域品牌形象在其国内外市场竞争中没有得到维护，更谈不上得到提升（张艳和郭继远，2009）。

5. 对果品生产过程中的废料处理不当，严重污染环境。同时对加工中出现的副产品，如果渣、果核等，却没有得到有效利用，浪费资源。

（六）创新

近10年来，渭北苹果产业集群发展中的创新主要体现在如下几个方面：

1. 陕西果汁生产企业加大技术投入，提高自主研发能力。海升公司完成了国家星火计划项目“苹果浓缩制品汁安全性控制技术及新产品开发”、国家“十五”重大科技项目“优质鲜榨苹果汁和浑浊型苹果汁加工关键技术研究：恒兴公司完成了国家863计划项目以及国家的“浓缩果汁质量控制技术研究”“陕西特色果品深加工技术研究与开发”“产学研一体化构建立体型苹果深加工技术创新新平台”等项目。“无色果汁生产工艺”“无色浓缩苹果汁产品”这些获奖的科研项目也都诞生在陕西的果汁生产加工企业，得到日本、美国客商的认可（王炳建，2007）。

2. 对初级生产环节的质量控制得到管理。主要表现在3个方面：一是推行标准化生产。从2001年开始，陕西省创新提出并坚持不懈地组织推广苹果生产“大改形、强拉枝、巧施肥、无公害”四项关键技术，使全省苹果优质果率得到大幅度提高。二是加快果品基地建设。按照省委、省政府建设渭北绿色果品基地的要求，组织主产市（县）和企业开展建设认证工作，严格执行基地建设标准，积极实施苹果套袋补贴，推行果树病虫害统防统治，联合开展果区农资市场整顿，加强果区环境综合治理，绿色果品基地面积不断扩大。三是开展出口注册果园建设认证工作。引导各地稳步发展“果、畜、沼、窖、草”五配套生态果园，积极开展出口果园和有机果园建设认证工作，建设经欧盟、东盟、北美等地区认证的出口注册果园，扩大国际高端果品市场份额。

3. 虽然渭北苹果产业集群品种结构过于单一，但一直致力于这种情况的改变，延长了供应链链条。苹果香精、生物饲料、果醋、果酒、果酱、果醋饮料、果脯、果干、果糕、果糖、果片、水果罐头、果汁饮料等深加工果品已经出现。

第五节　供应链管理与农业产业集群的集成效应

一、产业集群的集聚效应

产业集群本身所具备的竞争优势为供应链管理方法的应用提供基础。产业集群的竞争优势来源于 3 个方面：第一是产业集群内部的竞争与合作；第二是提高生产率；第三是创新周期迅速。

（一）竞争与合作

产业集群受益于集群内部的竞争和合作。竞争压力迫使集群成员降低生产成本以及加强产品差异化来提高效率。如果没有竞争的效率，集群则会衰落。除此之外，集群成员之间还存在合作。大多数合作发生在供应链方向的纵向合作。然而，在没有直接竞争的领域以及在面对影响集群生存的外部威胁时，也存在横向合作。组织之间的信任被作为产业集群的重要的竞争优势来源（Batenburg 和 Rutten，2003）。产业集群的地理集中允许组织之间更频繁地面对面的交流。这种丰富交流媒介被看作是建立信任的重要基础。

（二）提高生产率

生产率的提高得益于集群成员相比非集群企业而言所拥有更好的权利，接近劳动力市场和供应商、容易获取专业信息、容易获得互补产品和相关服务、接近公共产品和相关机构、激励动机更强烈，并且更容易评估供应链合作伙伴（Dewitt 和 Giunipero，2006；Patti，2006）。

1. 接近劳动力市场和供应商

产业集群拥有丰富的具有专业化技术、知识和经验的劳动力资源。这会降低企业的雇佣成本。而从应聘者角度来讲，也降低了四处寻找工作的成本，同时即便更换工作，也不需要搬家。除此之外，产业集群对于那些想就职于本领域前沿的应聘者而言是非常具有吸引力的。

集群可以保证除劳动力资源以外的其他投入的供应商。即便其他所有条件都相同，与远距离采购原料投入相比，集群依然具有明显的优势。本地供应商降低了运输成本和时间，同时也改善了运输过程中的意外情况发生的频率和货物到达时间的可靠性。更短的交货时间和货物准时送达允许企业能够在不增加缺货风险的情况下降低原料库存水平。与供应商的接近也能够通过增加面对面交流的次数，从而确保交流更加通畅。面对面交流对于解决一些含糊不清的问题更加有效，并且使得现场作业更容易解决。

集群也为非集群企业提供一些便利：集群提供了一揽子潜在的客户和供应商；在销售和配送方面给非集群企业带来了规模经济；在访问客户或者供应商时，可以安排在同一商务行程中；集中所有供应商，讨论供应商之间的责任和投诉则更为容易。

2. 容易获取专业信息

集群成员更容易获得有关技术、市场和竞争等专业信息。如集群企业的雇员常常是本地一些贸易组织的会员。当一个企业引进新的设备、技术或者加工过程优化技术，学习经验常常会经由这些贸易组织转移给集群其他成员。然而，雇员之间的其他非正式联系（如酒吧、咖啡厅、俱乐部以及其他志愿者组织等），也能够进行信息交换。

3. 容易获得互补产品和相关服务

当集群的不同主体提供互补性产品和服务时，产业集群的竞争优势得到加强。互补性的存在为客户提供了一种事实上的“一站式”购物的优势。这在降低了交易成本同时也导致了配送的规模经济。减少一系列生产互补产品或提供服务的企业的地理集中能够提高集群范围内的企业产品供给的变化。许多产品升级的同时带动互补产品和服务的升级。地理接近增强了企业面向新市场需求协调一致变化的能力。

4. 接近公共物品和相关机构

与单个企业相比，公共机构最有可能向集群企业提供培训和专用基础设施。如大学等大专院校倾向于开展培训适合集群内部工作岗位的专业，学生毕业后就能找到工作的动机则会选择这类专业。

5 激励动机更强烈并且更容易评估供应链合作伙伴

集群内部同行的压力以及对未来的良好期待会激励员工制定和实现高目标。集群高层之间的非正式接触可以促进性能和成本措施基准的加强。比如，集群高层常常会根据各自的协定在一定程度上共享工资率、原料成本以及生产效率方面的信息，甚至能够允许分享原料采购战略、业务流程等信息。

（三）创新周期加快

由于地理接近，上下游之间的关联性以及信息交流的便利性、技术、信息、诀窍核心思想在群落企业间的广泛传播与应用，面对面的观察与学习的便利性导致“行业的秘密”不再是秘密，当一个企业利用新技术或者新的作业流程，会在集群内部迅速扩散，从而迫使企业加快创新速度，保持自身的竞争力。由于集群内存在大量的产品相似的企业，这也增强了网络链的灵活性。而对是否降低企业倒闭的风险论点这一说法，学术界有不同的看法：一种观点认为正是由于产业集群内有充足的资源和辅助产业，这些都有利于新进入企业的成长，从而降低企业倒闭的风险。另一种观点认为，由于企业内部存在很多相似的企业，竞争激烈，加大企业倒闭的风险。有学者做过这方面的实证研究，研究发现虽然集群创新周期比非集群网络要快，但是同时每年破产的企业数量也超过非集群网络，这里值得注意的是每年新成立企业数量也较多。

二、供应链管理与农业产业集群的集成效应

通信技术的高速发展，使得供应商和客户之间像邻居一样的交流成为现实，交通运输的发展（如航空）使得频繁的面对面交流成为可能。这些条件的变化促进跨国或跨区域供应链网络的发展。但是即便在这样一个技术日新月异的时代，产业集群的发展依然具有极强的竞争优势。我们可以看到产业集群同时也面临着更大的竞争压力，供应链管理的引入可以强化农业产业集群的集群效应，同时能够弥补不足，两者结合具有互补加强的集成效应。

运用供应链管理方法经营农业产业集群主要目的是将供应链管理的主要业务流程集成到农业产业集群网络链主体间，以便网络链的运行能够满足消费者需求，主要的业务流程包括客户关系管理、客户服务管理、需求管理、订单履行管理、加工生产流管理、采购管理、产品开发和商业化管理（Cooper 和 Lambert，1997）。供应链管理也可以被视作从原料到最终消费者的最终为客户创造价值的经过协调的各种经济活动的集合。这些经济活动包括：集成化行为（与客户和供应商联合）、信息共享、风险共享、合作、制定客户服务的共同战略目标，业务流程的集成、建立和维护长期伙伴关系等（Mentzer 和 DeWitt，2001）。供应链管理的竞争优势主要体现在生产运作过程的优化、交易成本的降低、弱化资本专用性。对农业产业集群进行供应链集成化管

理的集成效应主要体现在：降低成本、提高顾客价值和满意度、强化与相关利益主体的关系，从而获得竞争优势。

（一）促进成本降低

供应链管理常常被称为“降低成本的最后边界”，是降低资源消耗、提高劳动生产率之后的“第三利润源”（伍琴和张汉江，2005）。运用供应链管理方法可以降低农业产业集群运行成本：（1）产业集群网络链中供应链伙伴之间对上下游的库存水平信息、需求信息、生产计划信息等实现共享，提高供应链中企业对市场的反应能力，降低交易成本，实现集群供应链上各节点企业的无缝衔接，达到供应链整体成本最小化的目的。（2）网络链主体行为的集成化促使库存成本进一步降低。比如由于集群内产品性质相似，可以在集群附近设置前方仓库，从供求两个方向将产业集群内所有企业的物料整合起来进行统一管理和集中运输，可以大大降低运输管理和库存成本。（3）平衡利用企业生产能力。在供应链集成化管理下，产业集群的核心企业可以根据转包企业的生产能力分配订单，从而提高生产效率。（4）减少集群区域内的交通超负荷。通过实施区域运输规划方案，保持集群内部交通顺畅，从而降低运输环节的不确定性，提高农产品流通的效率。

（二）提高顾客价值和满意度

提高顾客价值和满意度体现在：共同的战略目标、快速响应市场需求以及提高农产品质量。

1. 制定共同的战略目标

供应链管理模式意味着集群主体拥有共同的满足消费者需求的战略目标，农业产业集群网络链主体（核心企业和各参与者）通过信息流、物流、技术流、增值流为纽带运作，将各个环节企业的核心能力整合在一起，实现跨企业的协同合作、增加产品和服务的增加值。

2. 快速响应市场需求

随着人民生活水平的提高，对农产品个性化、多样化、准时性要求越来越高，农产品消费需求的数据更加难以预测。易正兰（2008）指出，在供应链管理模式下，各个节点企业信息共享、顾客的需求信息快速传向每一个节点，使得供应链各环节都能迅速对客户需求做出反应。并且可以采用延迟生产分界点的管理方式。分离点之前的农产品需求相对稳定是可以预测的，能大批量生产并实现物流效益最大化；分界点之后的农产品需求多样化，难以预测，则根据农产品订单要求安排生产，最大限度地满足消费者的个性化需求，从而以低成本达到快速响应市场需求的目的。

3. 提高农产品质量

农产品质量安全涉及农资供应商、农产品生产者、加工企业、物流配送企业到超市或者农贸市场等众多环节，供应链主体行为的集成化，可以通过建立质量管理监测体系，增强农产品生产过程的可追溯性，从而提高产品质量。

（三）刺激创新，降低风险

供应链管理集成下的产业集群可以建立基于信息共享的敏捷反应机制，减少了生产中断的风险和库存积压，并提供应对各种不确定性和经济周期波动的缓冲机制，减轻供求过程中的道德风险和逆向选择问题。产业集群网络链延伸至产业集群外部，产业集群可以通过网络链与全球供应商和客户发生经济联系和信息交流，与产业集群外部的企业进行业务和技术合作，从全球生产网络中获取技术创新的源泉和动力。在产业集群内部，由于能够更容易获得相关商业机会的信息，快速识别产品和服务之间问题，反馈速度快。因而可以抓住本地市场机会，有利于新企业的成长。

（四）强化对相关利益主体的影响力

供应链管理集成下的产业集群能够强化对当地政府以及相关支撑机构的影响力，以获得更多的政策扶持和公共物品服务。

1. 对当地政府政策扶持的影响力

供应链集成下的产业集群是一个有机的生产网络系统，相互之间的关系更为紧密，与松散的网络结构相比具有更强的谈判能力，因此也更能影响政府的产业政策实施，从而能够进一步改善产业集群的软硬件环境。如政府产业政策和信息引导，基础设施、投资环境的完善，地方品牌和核心企业的培养等。

2. 对相关支撑机构的影响力

供应链集成下的产业集群需要产业、行业协会、商会等中介机构的发展。产业集群供应链集成化管理需要这些中介机构制定和实施集群内企业共同的行为规范和管理制度，以及建设集群组织文化，促成资源优化配置和分工协作等功能。供应链集成下的产业集群同时也要求当地大专院校和相关培训机构能够提供相关的人才，使得教育培训机构调整专业课程设置适应产业集群的发展。

（五）促进产业集群可持续增长

运用供应链管理方法经营产业集群，可以维持产业集群的可持续增长优势，强化产业集群的竞争优势。主要体现在加强产业集群内部的专业化分工、促进产业集群内部的竞争与合作、促进新企业的加入、促进产业集群融入全球经济系统。

1. 深化产业集群的专业化分工

产品的生产过程是由多家企业分工合作完成，随着供应链管理水平的不断提高，逐渐在各个生产流程中会形成优势企业。供应链的发展或延伸，会使得核心企业将非核心业务外包，从而将会出现许多企业为之配套生产，这样从原材料供应到生产，再到产品的销售等各个环节的各种职能，都是由某一领域具有专长或具有核心竞争力的专业公司相互协调和配合来完成，从而促进产业集群的专业化分工，形成集群强大的竞争优势。

2. 促进产业集群内部的竞争与合作

网络链核心企业通过对合作伙伴的不断选择来加强核心企业所在供应链效率的提高，这会间接加剧产业集群内部的竞争和合作，维持产业集群的竞争活力。从竞争角度来看：（1）在供应链内部，核心企业选择合作伙伴过程中，处于同一节点的若干横向企业为了在供应链上取得一席之地，必然会展开激烈的竞争，以便能够与核心企业形成长期的伙伴关系，这为每个企业提供了一个有效的外部激励机制。（2）产业集群内部链条与链条单个企业之间存在竞争，必然会加强技术和管理的创新，促使专业化分工的深入。从合作角度来看：（1）当某一项目单靠一个企业的资源和实力不能完成，面对宽阔的市场潜力，本来处于竞争对手地位的企业之间的合作就会达成；（2）对于网络链中处于纵向关系的企业来讲，在供应链集成化管理下，相互之间的合作更为紧密，达到无缝连接；（3）从产业集群发展的整体角度来看，产业集群网络链是一个完整的系统，要想在市场上保持竞争力，必须对集群内部的优势资源进行整合，实现“强强”联合，创造新的价值，获取更多的利润，以达到集群整体利益最大化和整体竞争力的提升。

3. 促进产业集群融入全球经济系统

供应链集成下的产业集群是一个动态的、开放的系统，它发展于某一特定区域，但是不囿于该特定区域。网络链的外部延伸，使得产业集群扩大了市场范围，成为全球经济系统的一个分支。网络链是产业集群向外延伸的触角，在更宽阔的区域范围内或全球范围内集成优势资源，同时产业集群必然也将加入国际市场分工并参与国际市场竞争，从而实现更高的配置效率。

第四章　供应链管理与农业产业集群：一般分析性框架

通过前文的分析，可知运用供应链管理方法治理农业产业集群不但是农业产业集群发展的现实需要，而且我国农业产业集群也具备这一发展战略实施的客观基础——供应链网络。这一章则是要解决运用供应链集成下的农业产业集群在发展过程中具有什么样的演化特征，以期为农业产业集群的优化升级提供参考。

本章将运用系统论方法的基本思想，把农业产业集群这一复杂系统分解为被管理系统、管理系统、信息系统、企业治理 4 个维度，并结合农业产业集群生命周期阶段的划分，分析农业产业集群 4 个维度相关变量在各个发展阶段的特征。且安排如下：首先介绍一般分析性框架建立的基本思想，然后从供应链管理角度探讨，确定 4 个维度的相关变量，最后以众多案例研究文献为基础给出相关变量在生命周期各个阶段的赋值，建立一般分析性框架，刻画农业产业集群动态演变的一般特征。

第一节　产业集群演化理论

目前国内外对集群演变特征的系统研究尚不多，现有研究主要分散在集群发展的生命周期演变分析和集群在有关发展阶段特点的分析。周军民（2006）从集群生命周期基础理论和集群生命周期实证两方面，对国外产业集群生命周期理论和实证进行了较全面的综述，并认为集群生命周期理论为产业集群的理论和实证研究提供了新视野和新方法，为政府制定产业集群政策提供了新思路。庞之栋（2007）运用交易成本理论，对产业集群这样一种制度安排从产生、发展、成熟、衰落等的生命周期特征进行了分析。龚建立（2008）分析产业集群在不同发展阶段的指标特征，采用指标图示法以台州船舶制造集群的生命周期判定为例进行了实证研究。倪蓉（2009）运用生命周期理论并结合实际案例对企业集群经历的 4 个阶段进行描述，认为形成阶段特征具有地理集聚性，成长阶段表现为相关的企业和机构大量涌入以及企业大量衍生，成熟阶段则为各个配套的功能完善，企业的横向与纵向关系不断完善起来，衰退（扩散）阶段特征主要表现为集群的集聚功能开始衰退。在国外 Jammarino 和 Mccann（2006）从交易成本、技术过程和知识溢出几方面分析集群在不同发展阶段的特点。Avnimelech

和 Teubal（2006）分析了高新技术产业集群在五个不同发展阶段其风险投资的变化特征。Maskell 和 MaImberg（2007）分析集群在出现、成长、衰退等阶段，集群在知识创造和获取方面的特征。Maliranta 和 Nikulainen（2008）探讨了集群在不同发展阶段对地区劳动力需求的变化特征。Belussi 和 Sammarra（2008）运用发展经济学的方法，通过对意大利 12 个工业集群案例的分析，得出了影响产业集群的发展的因素：传统手工艺特点、地区特有资源以及内部和外部核心企业的作用。Kukalis（2009）侧重考察了工业集群内部和集群外企业在不同发展阶段的财务表现特征。Menzel 和 Fomahl（2010）建立模型分析了集群企业间的技术差异对集群在不同发展阶段成长的影响。

可见，关于集群生命周期演化研究多是从宏观层面进行的，主要分析影响集群发展的宏观因素以及这些因素在不同阶段的发展，少有微观层面的分析，如分析集群供应链网络运作特征。从供应链管理视角研究农业产业集群供应链网络变量演变特征的文献鲜有报道。

第二节　一般分析性框架建立的基本思想

一、系统论方法

系统思考起源于 20 世纪 50、60 年代，并作为一种理解现实世界现象的方法运用于社会科学领域(Gharajedaghi, 2006)。Mingers 和 White(2009), Zexian 和 Xuhui(2010)等对 Checkland 的系统思考理论演化及应用范围进行了综述。系统科学将环境中的某些组织作为完成特定功能的一个系统，运用系统思考的运行，可以将现实世界解构为系统及其环境。系统是由一些相互联系、相互制约的若干组成部分结合而成的、具有特定功能的一个有机整体（集合）。这些客体相互之间具有联系或者与系统外的对象具有联系，以地点、形式、规模、功能、时间等为特征的投入转换过程能够使得系统完成特定功能。系统论方法的分析目的是在维持整体性的同时，了解各个组成部分与整体以及整体和环境的关系。换句话讲，即用整体的观点解释各个组成部分。系统思考的方法，实际上就是将现实分解为系统以及系统所处的环境。大多数学者采用 WilSOn（1990）的定义：系统是处于一定的相互关系中、并与环境发生关系的各组成部分（要素）的总体（集）。系统具有 3 个本质特征：一是系统的整体性；二是系统由相互作用和相互依存的要素所组成；三是系统受环境影响和干扰，与环境相互发生作用。

（一）系统边界的界定

系统边界的确定必须将系统放在某一特定的层次。系统层次的区分是相对的：系统由要素组成，但是另一方面，这一系统又是上一级的子系统（要素），而上一级系统又是更上一级系统的要素；另一方面，这一系统的要素确实是由低一级的要素组成的，低一层的要素又是由更低一层的要素组成，最下层的子系统由组成系统的基本单位各部分组成（孔武和王晓敏，2006）。系统或者子系统是没有什么绝对的定义，在确定研究对象时，本身就带有主观色彩，是一种主观表现。针对本书的研究对象，可以将农业产业集群系统的层次结构用图 4-1 表示。其中 L 代表层次，方框代表 L0 层次的农业产业集群以其所处的环境，即整个客观世界。圆代表各个层次的系统：L0 系统由子系统 L1.1 网络链系统以及 L1.2 生产网络所处的产业集群内部的环境（政府机构、科研金融服务机构、中介组织等）构成；L1.1 网络链系统由 n 个 L2.1 网络链主体（核心企业、供应商、供应商的供应商、客户、客户的客户）组成；L2.1 网络链主体则是由一系列的 L3.1 生产流程组成，根据 SCOR 模型，从供应链管理角度，可以把生产活动分解为 5 个管理流程：计划（Plan）、采购（Source）、生产（Make）、配送（Deliver）、退货（RetUrn）。当然并不是每个生产活动均包括这 5 个流程，但是每个生产活动至少包含一个流程。

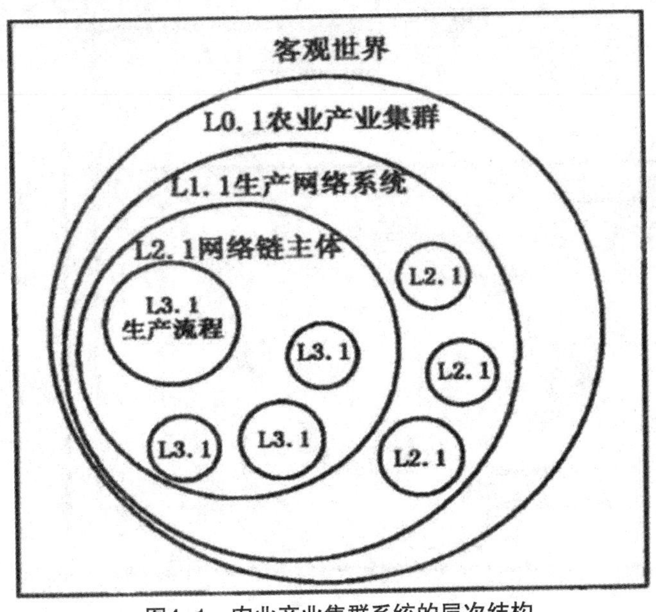

图4-1　农业产业集群系统的层次结构

在分析系统的时候，必须注意系统的层次性，既要注意把一个子系统看作上层系统的一个要素，求得步调的统一，又要注意它本身又包括复杂的结构，同时并不是所有的（子）系统都是相互关联的。在进行系统分析的时候，可以利用“黑箱”方法。“黑箱”方法是指在认识的某一个阶段，把某种认识对象（系统）看作一个封闭的箱子，我们只了解外界对它的输入和输出，暂时不打开这个箱子来了解其内部结构。

（二）组织结构理论

De Leeuw 在 1982 年初步运用系统思考的方法提出了组织结构理论，随后对他的研究成果逐步进行完善（Maggina，2009）。Luning 和 Marcelis（2009），Mair 和 deLeeuw（2009），Veeke（2006）等将其管理范式运用于不同的研究领域，取得了良好的效果。De Leeuw（1982）的管理范式可以用来描述任意控制状态，认为系统包含 3 个方面：被管理系统、管理系统、信息系统（如图 4-2 所示）。被管理系统是指一系列基本转化过程所组成的研究对象。信息系统是指登记相关的内部和外部数据并转换为可控制信息。管理系统是通过调整控制变量同时处理具不可抗力性质的输入变量（不规则变量如需求、罢工等）而实现某种系统输出。它根据可得信息进行转变，控制变量是管理系统的决策变量，如企业的区位选择、客户订单的厂址或客户订单的交货时间。最后，输出是指交付给系统客户的最终产品。其中，被管理系统决定了满足系统目标所需要的控制形式（管理系统），而被选择的控制形式，反过来又制约需要哪些信息（信息系统）。本书也采取了这种逻辑思路。

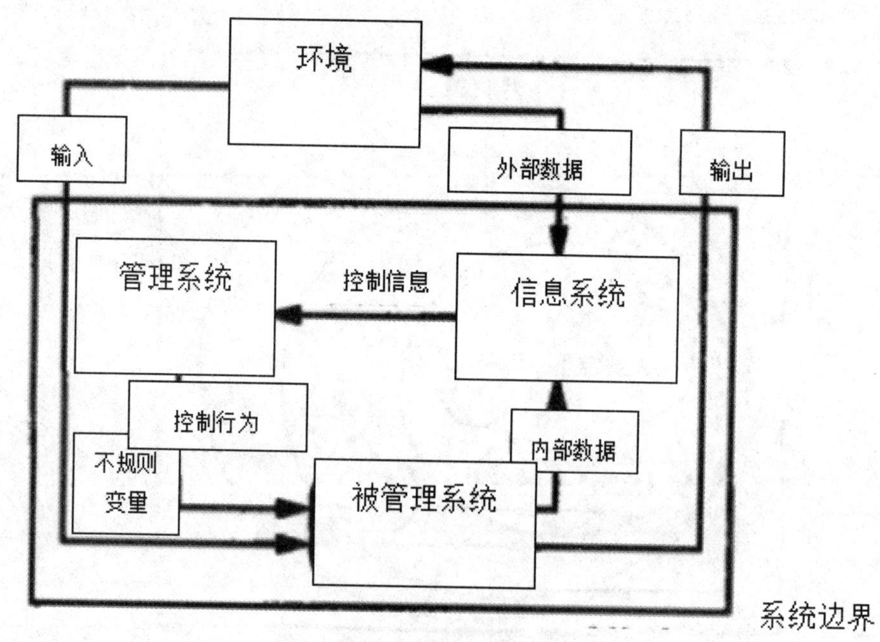

图4-2　管理范式示意图

在网络链系统中除了被管理系统、管理系统、信息系统这 3 个维度外，企业治理是另外一个重要的维度。农业产业集群中核心企业的企业治理对整个农业产业集群的发展有很大的影响，特别是对于某些农业产业集群，集群中龙头企业或者核心企业数量很少，整个集群的经济活动均需受其管理。此时，该龙头企业的内部治理是非常重要的，能够影响整个农业产业集群网络链运行绩效。为了便于清晰地描述这四个维度，下文会对这 4 个维度分别介绍。农业产业集群可以被看作一个包含若干子系统（组织之间存在各种关系）的大系统。每个系统的分析均可以从 4 个维度进行：被管理系统、管理系统、信息系统、企业治理。

（三）流程方法

利用资源将输入转化为输出的相互关联或相互作用的一组活动可视为流程。供应链管理的研究方法出现了从功能向流程的转变（Ell-ram 和 Cousins，2007）。集群网络链可以看作一个庞大的流程，是由若干个小的流程构成，每个流程都是为了满足最终消费者的需求，企业则是由庞大流程中的某些小流程组成。所以，为了使集群网络链高效运作，必须识别和管理众多相互关联的流程。

在供应链管理方法的运用中，管理目标可以视为一个系统的最终输出，如增加销售、降低次品率、提高利润等。但实践中的管理方向需要实现从注重输出向注重流程的转变。如营销部门可能会通过优惠和促销活动，“借用”下个季度的销售量来提高本季度销售量，这种措施本质上是“填补”性质，而不是创造新的需求。这样的措施在短期内具有明显效果，但该解决方案或目标无法实现，这是由于造成问题的流程本身并未发生改变（Enram 和 Cousins，2007）。使用流程管理方法则有助于理解和满足目标要求，进行持续的流程改善和实现流程增值，能够获得良好的流程绩效和有效性结果。

Trkman（2007）指出，为了能够满足最终客户需要，实现供应链运行绩效的最优化，供应链分析必须以流程而不是一系列的个别活动为单位。运用流程方法隐含着必须从消费者角度分析供应链。流程是这样一个结构：企业通过流程采取必要的行动，为其客户创造价值（Moller，2007）。流程是一项有开始和结束、占用一定时间和地点、并明确确定投入和产出的具体工作活动。因此，流程的重要衡量标准是客户对某流程产出的满意度。由于流程和流程之间存在着相互的关联和作用，通常一个流程的输出将直接成为下一个流程的输入，因此系统识别和管理企业、组织所应用的流程，特别是这些流程之间的相互作用，被称之为“流程方法”，或者说组织内诸流程的系统应用，连同这些流程的识别和相互作用及其管理，可称之为“流程方法”（VanderVorst，2000）。流程方法的优点是对诸流程之间的相互作用和联系进行系统地识别和连续的控制，可以更加高效地得到期望的结果。这里采用 DaVenpOrt（1993）对流程的定义：流程是为了特定的客户或者市场生产特定的输出而设计的一系列有结构特征活动。

系统输出管理方法强调哪些已经完成，流程管理方法强调系统内工作如何实现。

涉及订单管理和服务的流程跨越了组织的边界，并延伸至供应商和客户。因此，以流程方法的视角研究系统，流程创新必然会导致跨部门和跨组织的变化。

二、产业集群演化理论

（一）生命周期模型研究现状

农业产业集群不是静态的组织形式，而是一个动态、演进的过程。学者们在研究产业集群演化过程时，根据集群成长的动力机制提出各种各样的生命周期模型（Aziz和Norhashim，2008；DTI，2005；SRI，2001）oportcr（1998）认为集群存在生命周期，包括诞生、演进和衰退3个发展阶段。他的研究发现，历史环境和偶然因素可能是促使集群产生的一个重要因素，集群一旦形成，自增强机制将促进集群的成长。但在实际应用中，对集群生命周期进行明确的阶段划分还没有形成通用、简便的方法。

Andersson（2004）在《集群政策白皮书》中建立的生命周期模型把集群分为集聚（Agglomeration）、集群诞生（Emerging Cluster）、集群发展（Developing Cluster）、集群成熟（Mature Cluster）和集群转型（Transformation）5个发展阶段，可用图4-3表示。可以看出，安德森等是从集聚经济的角度研究产业集群的生命周期。根据他的解释：（1）当区域开始出现一些公司和其他相关行动者集聚的时候，集群开始进入集聚阶段。（2）在集群诞生阶段，诸多行动者开始围绕一个核心活动集聚、建立关联，寻求共同的发展机遇。（3）发展阶段是指新的、从事相同或相关活动的行动者开始出现，或者被吸引到该区域，从而在所有行动者之间建立起新的联络途径。这个时候，正式或非正式的协调机构可能进入该领域。区域品牌、网站和共同行动理念通常在这个时候开始出现。（4）集群进入成熟阶段是指集群内行动者达到某个临界规模、进入极其关键的阶段。这个时候，集群建立外部联系，如与其他集群或地区建立联系。这个时候，集群内新公司诞生的动力机制开始形成，例如通过创业企业（Start-ups）、风险投资和衍生（Spinpffs）创立新公司。（5）集群转型阶段是指随着时间的变迁，市场、技术和工艺等都发生变化，集群也在演变。集群为了生存、持续发展而避免停滞和衰退，集群不得不进行创新以适应这些变化形势。集群可能转变为一个或几个围绕其他产业活动的新集群，也可能是集群提供的产品或服务的变化。

从有关集群生命周期理论、实证分析的研究文献来看，一个集群的核心是企业，企业的行为和绩效对整个区域经济发展具有极其深远的影响，众多企业和政府将集群发展视为一个重要的发展战略，主要是由于集群对企业绩效有积极的影响。从Andersson（2004）的集群5个阶段演化模型中也可以看出企业以及企业之间的经济联系的变化是集群生命周期发展阶段的一个主要特征。

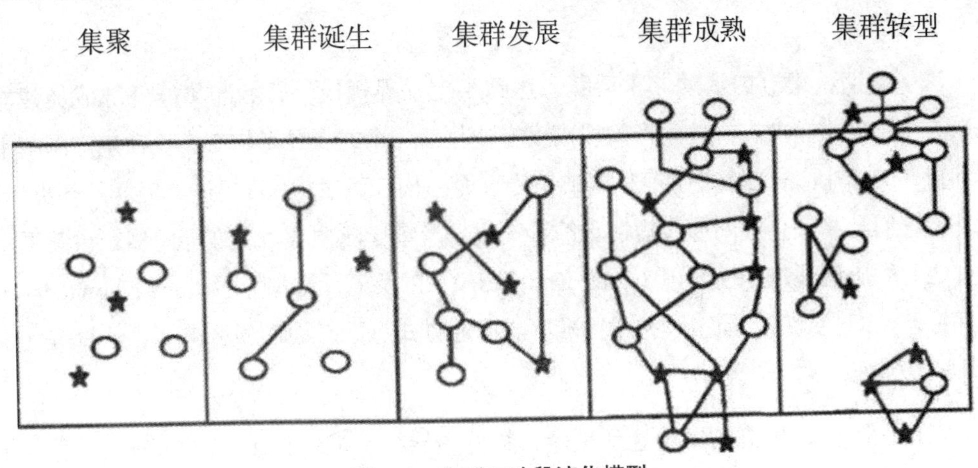

图4-3 集群五阶段演化模型

（二）基于供应链管理视角的集群生命周期模型

下面综合众多生命周期模型（Aziz 和 Norhashim，2008；Carbon-ara，2002；DTL，2005；周军民，2006），从供应链管理角度描述产业集群的网络链系统发展变化，建立农业产业集群的生命周期模型。如图 4-4 所示，这一模型包括 6 个阶段：

1. 萌芽期

这一阶段表现为集聚动力或者有助于集聚的因素开始出现。如自然禀赋条件、历史因素或者通过政策扶持等。

2. 显现期

这一时期集聚现象初步显示集聚效应，集群成员从中获益，开始积极地建立联系和模型。这一阶段的演化方式可以分为两类：（1）参与大型企业劳动密集型生产阶段的小作坊形式企业进行分散生产，它们之间形成稳定的经济联系，专业化程度普遍较低；企业之间的网络呈现层级结构，并形成排他的承包分包关系。这种关系主要表现为产量导向型转包，由于产品复杂性程度低，因此仅仅产生很少知识的转移，这方面的知识主要表现为市场交易以及企业间生产协调机制方面的内容。（2）集群来源于孤立小作坊形式企业的集聚，企业之间缺乏联系或者根本没有联系。

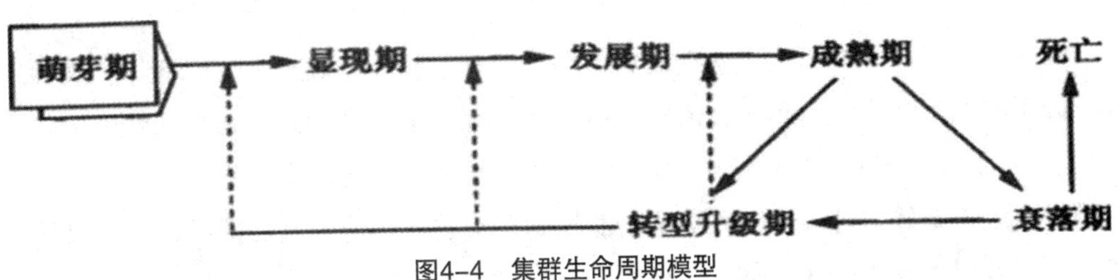

图4-4 集群生命周期模型

3. 发展期

这一时期，集群内活动非常活跃，达到某个临界规模，开始与集群外部成员建立联系。中小规模企业在一些生产阶段高度专业化，一个或者几个核心企业在生产网络中起到协调的作用。核心企业拥有生产或销售方面的核心竞争力，直接进入集群外部市场。此外，它们与相关企业间通过短期契约形式建立产量导向型或者专业导向型转包关系。企业之间的协调通过隐性知识（Tacit Knowledge）以及显性知识（Codified Knowledge）的交换，如产品规格、质量和技术标准等。沟通方式有面对面沟通、电话、传真等。

4. 成熟期

在这一阶段，集群的发展达到顶峰，集群主导行业或者技术已经成熟，集群主体之间建立紧密的联系，相互竞争和合作，形成信息风险共享机制，经济和相关绩效指标增长速度明显缓慢。这一阶段使集群呈现不同的演变轨迹，主要取决于核心企业的纵向一体化或者分散战略。核心企业在集群内部的领导地位能够调整企业之间的关系并组织知识管理流程。这一阶段，核心企业运用流程管理导致网络结构的层级化。

核心企业的增长表现为两个类型：内部增长和外部增长。当核心企业采取了内部增长的战略，它倾向于通过前向、后向环节的集成使得生产环节以及战略性竞争能力的内在化。这可以通过内部投资或者收购其他企业来完成。核心企业依然会选择一些本地企业形成纵向伙伴关系，这主要是为了实现产品生产的灵活性和生产细分的特性。纵向伙伴关系的选择一般基于质量、效率、管理和组织能力等准则。相反，核心企业若采用外部增长战略，倾向于把重点放在少数几个具有战略性核心竞争能力的流程，并与专业化分包商建立密切的经济联系，从而形成集群供应链网络。其中核心企业在这一网络链中处于主导地位，是集群和外部市场（国内或者国际）之间的接口。核心企业和其合作伙伴之间的合作关系主要表现为专业导向型转包，这一方式能够促进集群的共同创新。企业之间的关系表现为从契约到相互合作的不同模式。合作使核心企业从高度专业化企业那里获得技术和组织方面的互补能力。在这种情况下，企业之间的关系在很大程度上是基于密集性的人与人之间的交流，系统协调主要是根据默会知识的转移，通过组织成员之间的相互适应实现。

5. 衰退期

在这一阶段一些经历过成熟期的集群经济总量和相关绩效指标开始下降。这种集群已经很难找到新机会，形成新的经济增长点或者吸引新的加入者来驱动整个集群的继续发展。如果不制定新的战略手段，集群将最终消亡，集群企业将寻找新的集群或区域，以获得更好的规模经济。集群若能找到重新驱动集群发展的路径，则可以使自身脱离衰退期进入转型升级期。

6. 转型升级期

这时经历成熟期的产业集群出现了新的增长点，如集群的新加入者、新技术、新市场、交付货物的新方法等，能够使大部分的集群企业发生改变。新增长点的出现可以通过政策干预，研发活动（基于集群或企业内部投资导致溢出效应），或具有重大影响力的新加入者等。当然集群中的一些主体可能会退出集群，但临界规模阈值由于新加入者而得以保持稳定。至于集群发展将重返集群生命周期的哪一个早期阶段，则取决于新增长点的速度。

第三节　四维度及相关变量的选择

一、被管理系统及其相关变

描述农业产业集群的第一个维度是被管理系统。企业生产和运作的配置必须能满足战略计划所要求的目标任务，被管理系统这一维度，也可称之为网络链系统配置，从整个集群网络链的角度描述整个系统的结构配置等问题。可以定义如下：被管理系统是指在集群网络链系统中担任特定角色并拥有必要生产设施的一系列参与者的集合。具体包括网络结构、生产设施配置、资源和产品特征等（Perez 和 Martinez，2007；Van der Vorst，2000）。

（一）网络结构

网络结构关注供应链合作伙伴的选择以及它们所承担的责任（图 4-5 以葡萄生产为例，予以了说明）。主要包括如下变量：供应链长度、供应链宽度、相关利益主体支撑深度。

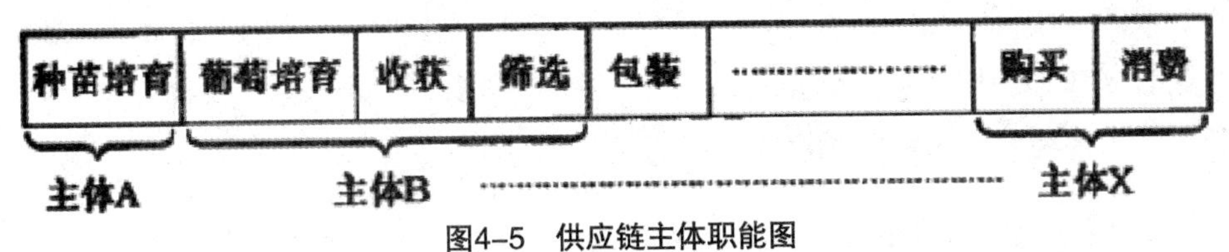

图4–5　供应链主体职能图

Hoekstra 和 Romme（1992）提出用来描述网络行为者之间或者各个业务流程的关系的 6 种类型。所谓行为者是指从网络链系统中任意选择的供应链主体。Verdouw（2008）指出这种类型的划分可以表达供应链主体以及流程的宽度和长度。具体如下：

流水线型（一个行为者）、链条型（一个供应商、一个行为者、一个客户）、资源共享型（多个供应商、一个行为者、多个客户）、收敛型（多个供应商、一个客户）、发散型（一个供应商、多个客户）、网络型（多个供应商、多个客户）。所谓长度是指沿着供应链方向，整条供应链所拥有的流程数量。所谓宽度，是指在既定的生产流程上，所拥有的企业数量。这里需要指出的是，一个企业可能在数个生产环节上进行生产，这会减少供应链主体的数量，但是不会缩减供应链长度。图 4-6 描述了产业集群网络链系统的网络结构。

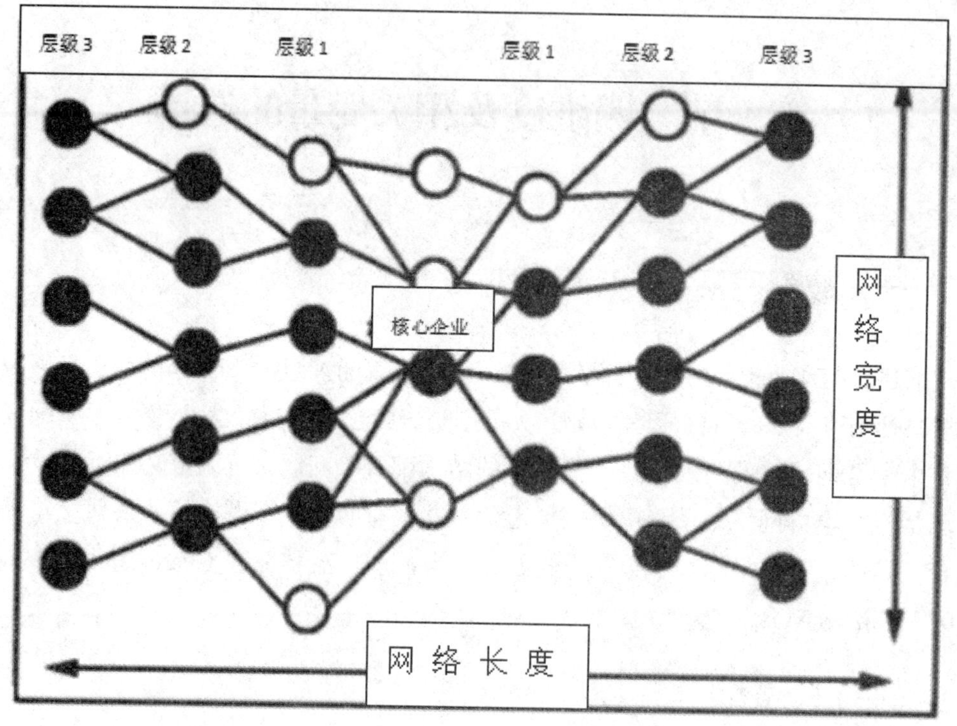

注：黑点表示核心企业及其上游和下游各层级供应商和客户；白点表示集群内部其他企业。

图4–6　产业集群网络链系统的网络设计

农业产业集群的相关利益主体已经渗透到产业集群网络链系统中，对产品供应链网络起着支撑性作用。相关利益主体支撑这一变量用来衡量政府、培训机构、科研单位等主体与网络链系统之间的联系紧密程度。

（二）生产设施配置

生产设施配置是指生产设施的布局和位置、流程类型和具体（地理）位置。可以用产业集群供应链空间范围这一变量表示。

产品制造的主要功能是进行投入（原材料、劳动力和能源）并转换成产品。为了完成这一工作，企业通常需要对产品生产模式进行选择，根据市场竞争环境、产品数量和种类以及企业职能，有如下几个选择类型：作业车间、小批量（Jobshop）、批量生产（Batch production）、装配流水线（Assembly Line）、连续性生产（Continuous Flow）（Slack，2004）。与此相关的是该流程生产设施的布局，SIack（2004）对此进行了详细讨论。一般情况下，农产品网络链的生产过程可以分为两个生产步骤（Van der Vorst，2000）：最终消费品配方（葡萄酒、面包）的中间品的批量生产；最终消费品的完成与包装。通常这两个步骤之间存在半加工制品库存这一解耦点。需要注意的是，生产流程类型选择和设施布局的生产和经济含义通常很少得到认可。因为只要一旦完成投资，不仅生产流程类型是固定的，而且整个生产设施也是固定的。这就导致流程决策意味着产品生产满足市场需求的程度，这对企业成功有着根本的影响。所以，产业集群供应链空间延伸范围这一变量足以反映生产设施的配置情况。如果在产业集群外存在国际性的延伸则是有，如果空间范围局限于国内则取值无。

（三）资源和产品特征

资源和产品特征是指生产设施、员工和产品的详细特征。变量包括产品长度、产品宽度、产品技术复杂程度、工艺流程复杂程度。

Krabbendam（1988）列出了生产设施特征的6个尺度：自动化程度、复杂性、灵活性、昂贵程度、调节性及集成性（Van der Vorst，2000）。生产设施的一个主要特点是启动时间：如果启动时间较长，则倾向于增加批量生产规模。此外，员工的数量、能力和知识应符合工艺和机器的需求。农产品供应链农产品及其工艺的特征对整个网络链的运作以及整个系统绩效的影响很大。比如农产品供应的季节性特性要求进行全球范围内采购活动，原材料的质量对工艺处理以及持续时间也有很大影响。Lee（1993）提出模块化及延迟生产的供应链管理方法（但斌，2009）。模块化是指产品的生产可以分解为一系列相互独立的具有特定功能价值的模块，在统一的界面规则前提下，各模块进行半自律性独立动作，同类模块之间可进行替代，从而可以根据需要，通过不同的产品组合形成产品多样性。延迟战略则是由 Anderson 于1950年提出来。他认为，延迟化策略是供应链产品的个性化、差异化等活动在时间、空间以及形式（功能）上的尽可能延迟，也就是说尽量延迟产品的最后成形活动和相关物流活动，直至客户订单的到达。具体而言，就是制造商只保有产品的零部件或组件，直到客户确切的对功能、外观、数量等需求的到达，才进行最后的生产、组装或者包装。这种战略在降低完成品存货持有的同时也降低了缺货风险。此外，产品包装的特点决定供应链中所需的（额外）处理流程。模块化及延迟生产战略影响着产品结构物料清单（BOM）的层级数量（产品长度）及层级组成部分数量（产品宽度）。产品长度和宽度这两个变量是从整个供应链网络系统角度描述。产品技术复杂程度、工艺流程复杂程度变量则是从核心企业生产过程角度来描述。

二、管理系统及其相关变

被管理系统定义了集群网络链潜在的性能，并限定了整个系统运行的活动范围。管理系统也可称之为控制系统，目的是基于一定的生产设施，通过网络链系统主体所承担职能的执行，实现产业集群战略目标，必须处理一些不可抗力的因素，如机械故障、罢工、雇员病假等。供应链网络结构配置选择和建立是一个战略决策。控制系统则强调具体运行决策。Meal（1984），VanNyen（2009）和 Verdouw（2008）认为生产控制系统的设计涉及一套完整的可执行和预算的组织和决策职能的建立。可以定义如下：管理系统通过规划、控制及协调供应链网络的业务流程，以便实现农业产业集群的战略目标。具体包括战略决策、客户订单解耦点（CODP）和协调水平。

（一）战略决策

战略决策是指系统各级层次为了达到农业产业集群发展目标所制定的决策。包括如下变量：决策层次、企业基本目标、产品细分、产品生命周期。

供应链网络中的决策往往是分层次的，某一层次上所做的决策受上一层次的限制，同时限制下一层次的决策。限制是由高层次向下一级层次传递，反馈（控制信息）则是由下往上传递。理解供应链网络决策过程必须了解管理层次之间的相互作用。在规划控制过程中的管理层次根据决策的性质进行划分。各种决策在规划周期、决策频率、详细程度、不确定性程度等方面会有所不同。根据多个学者的研究（Fleischmann 和 Meyr，2003；Miller，2002；Stadtler，2005），决策层次可以分为 3 个层次。

1. 战略决策

在这一层次整个系统的发展目标以及实施这一目标的战略被界定。通常会制定每年或者多年规划的竞争力决策，实现某个产业集群范围内或者某个企业范围内达到全局目标的最优战略。这方面的战略涉及供应链网络配置结构方面的内容，如区位选择、过程选择、产品市场组合以及新资源投资等方面。

2. 战术决策

在这一层次整个系统的发展目标和市场需求转化为供应链管理目标。战术决策反映今后数周或数月期间的决定。如确定决策的规则、程序以及责任机构，选择供应商并且签订销售合同，以便达到业绩标准。这一层次强调人员、原料以及其他资源的可获得性，以便能够满足实际需求。这些规划包括信息系统和组织结构的选择和实施，这将会在后面章节进行讨论。

3. 业务决策

这一层次涉及企业日常运作的管理，以确保实施最有效的方式满足实际订单需求。它包含所有的业务决策，直接影响到物料或者信息的流动。通常情况下，反映日常业务的决策最多提前 2 周。一般来讲，决策层次越高，需要更长的筹备时间，更长的规划周期，并且所面临的不确定性程度也越来越高。

产业集群网络链系统的生产战略必须在全局考虑的层面，才能使得不同企业的战略相互一致。然而，这一情况在产业集群内是很少见的，这是由于集群企业常常独立制定自己的发展战略。但是，如果一个产业集群内部存在一个核心企业，它所制定的战略会强烈影响决定其他企业的发展战略。所以在这种情况下，考虑核心公司的战略问题是比较合适的。因此企业基本战略这一变量仅仅考虑网络链系统中核心企业的决策。企业基本战略的一个重要方面是核心竞争力的选择，一般可以分为成本、质量、灵活性、响应速度四类。

产品细分是指产品在生产过程中，在哪个生产环节开始细分。

产品生命周期是指产品所处的产品生命周期阶段（研发、成长、成熟、衰退）并且每个生命周期阶段的长度也有所不同。

供应链规划活动是指从整个供应链角度考察集中管理的程度。

（二）客户订单解耦点

客户订单解耦点包括两个变量：核心企业解耦点、供应链网络解耦点。

企业和客户相互关系的一个重要特点是客户订单渗透到企业生产系统的程度。解耦点（Decoupling Point）是指价值链中的推式（Push）生产和拉式（Pull）生产的分界点（张以彬和陈俊芳，2008）。解耦点决定了整个供应链对最终消费市场的反应速度。CODP 下游的物流由客户订单驱动，主要考虑客户的交付周期和灵活性要求。CODP 上游的物流由需求预测和规划驱动，主要考虑效率（特别对于大规模批量产品的生产来讲）。每一个产品市场组合或者企业的产品组合都必须确定解耦点的位置。所以，公司可以有几个不同的 CODP 点，一个单一的产品可以拥有一个以上的 CODP，因为它可以适应多种产品市场组合。Van Nyen（2009）指出 Hoekstra 和 Romme 在 1992 年首次区分了解耦点的五个位置，目前一般扩展为六个位置（如图 4-7 所示）。

解耦点的不同位置对应着不同的业务流程策略。很多学者对此进行论述。就农产品供应链而言，最终产品的新鲜性、不同的产品流向、产品需求的高度不确定性、客户特殊的产品要求这些因素对产品的灵活度要求较高，则会使得企业的CODP点向供应链的上游移动，而生产周期长、供给和加工过程的高度不确定性、较短的交货期限期望、高度的配送可靠性则又会使得CODP向下游移动。就实践来看，生鲜农产品的CODP有向上游移动的趋势，由于产品在沿供应链方向流动中，存在产品多次重复包装，从而导致产品检测效率低下，最终消费者有关产品期望方面的信息能够与初始生产商及供应商直接交流的实践证明可以提高产品供应链的绩效。如上海马陆葡萄产业集群通过信息交流平台使得一些供应商和客户之间能够直接联系，从而能够根据最终消费者的需求期望直接进行鲜食葡萄的包装。CODP的概念有利于整个供应链网络系统的趋势。供应链网络解耦点这一变量描述最终消费者与初始供应商联系的程度，联系越紧密，解耦点就越向供应链上游移动。

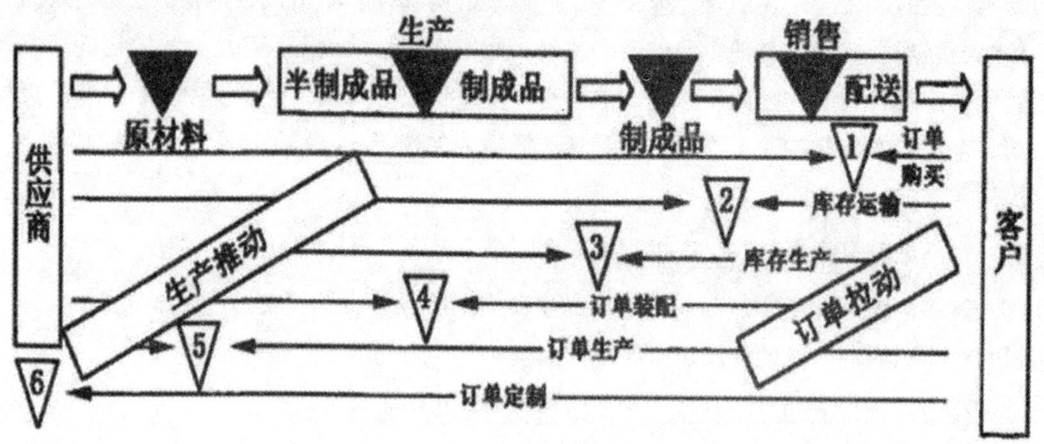

注：▼代表供应链中可能存在的库存位置；▽代表供应链中解耦点位置。

图4-7 单个企业CODP的6个位置

（三）协调水平

赵道致（2009）将协调定义为“使多组织间共同行动，在简单环境和系统中分配任务角色和进度，消除隔阂，以最优化方式实现共同目标的方法”。Chan（2007）认为是“一起工作、管理活动相互依存的行为”。当系统之间存在互动，则有协调的需要。两个系统之间相互作用可能由于它们之间是耦合的（一个系统的产出是另一个系统输入），或者它们之间存在共享的资源，或者它们共享一个目标系统（这两个系统的输出是第三个系统的输入）。所以，协调是决策与行为之间的调节器，有如下两个路径（Lngdon和Sikora，2006）：（1）直接影响彼此的决策；（2）通过影响对方的信息，如有关流程信息的交流和解释、流程的现状、另一方的目标等。协调水平，也可称之为整合程度，包含两个方面的含义：①单个企业内部不同流程系统之间的协调；②供应链网络中不同网络主体的协调。这里主要是第二层含义，第一层含义将在企业治理中进行论述。供应链协调问题包含以下变量：供应链控制类型、纵向一体化程度、合约权利分配、关系的时间跨度、关系维持目的、横向合作程度、协调机制、供应链结构灵活性、信息共享。

供应链管理中有关治理结构方面的文献注重供应关系的研究，这主要是由于企业有把非核心业务外包的倾向。Harland（2005）根据集成的程度将供应链控制类型区分为二元关系（仅考虑第一层级供应商）、外部关系（第二层级的供应商也包括在内）和网络关系（核心企业除了控制了纵向关系外也控制了横向关系）四种（如图4-7所示）。

纵向一体化程度表示供应链网络主体控制整个生产流程。一些学者将治理模式与供应链管理联系在一起，认为供应链管理的治理模式可以列成从垂直一体化至完全独立这样一个序列。

供应链主体之间的关系呈现从独立交易向伙伴关系转变的趋势，也就是供应商和客户之间建立战略合作伙伴关系，共同承担风险和收益，交流业务和财务信息，在一些设施系统上联合投资，共同参与新产品开发及不断改善计划。因此，质量、可靠性和技术能力与价格相比对于合作伙伴的选择来讲可能会作为一样（或者）更为重要的考虑因素。相关的研究内容包括谈判力量在企业网络中的分配、合作关系的时间跨度、合作程度。

关系维持的目的是指关系的建立以产量导向型转包或者专业导向型转包为目标。

协调包含两个方面：正式化程度（从正式契约到非正式契约范围之间进行变化）和协调机制（市场交易、转移价格、激励机制）。

供应链网络结构灵活性是指基于客户需求对供应链进行重构的速度或者能力。

信息共享是指供应链主体信息共享的数量及类型（默会知识或者显性知识）。

三、信息系统及其相关变量

系统的集成程度与供应链中不同企业之间以及企业内部不同流程决策的协调程度紧密相关。管理系统需要信息系统的建立，即确定在什么时候需要利用哪些信息来做出必要的决定。信息系统包括如下变量：发展程度、信息交流语言普遍程度。

农业产业集群的网络链系统具有“交易导向”功能。从这个意义上讲，在从田头到餐桌的这一流通，供应链活动需要进行若干次的交易。如一天时间内有无数次进仓和出仓的活动，一年内从供应商到消费者之间存在大量的运输活动。在生产过程中，不同个流程之间也存在大量的业务交易。因此可以看出，产业集群网络链系统的顺利运行依靠信息通信技术。管理系统基于信息做出决策，并产生管理行为。正如不同的生产系统需要不同控制系统一样，不同的管理系统对应着不同的信息系统。随时能够获得交易数据并不会导致更好的决策，供应链管理的竞争优势不仅仅体现在更快和更便宜的数据通信。所以，在供应链管理中有效地应用信息通信技术（ICT）。该公司必须区分两个系统（Shapiro，1998）：

1. 交易性 ICT 系统

集中于获取、处理和传达企业过去和目前的业务原始数据，并进行汇编总结，形成报告。典型的例子如工艺流程 ICT（CAD，CAM）、销售记录系统（POS）、企业资源规划系统（ERP）。

2. 分析性 ICT 系统

根据供应链决策数据库所建的模型评估供应链决策。数据主要来源于企业的交易数据库。分析性 ICT 系统包含供应链决策数据库、决策支持系统（DSS）以及连接企业数据库与决策数据库的通信网络。如 DSS 用来调度每周生产，预测下个月的需求量，并分配生产任务到各个车间，或者寻找新的配送中心等。

目前大部分公司使用的是标准软件包，然后根据用户的需求做一定修改，这就使得企业与企业之间缺乏标准化和融合的接口，这种现状不利于供应链网络范围内的整合。供应链网络范围内的信息交流则需要借助信息通信 ICT，如电子数据交换（EDD、互联网、群组网络等）。

由此可以看出，这两个系统存在一定的联系，分析型系统建立在交易性系统之上，则根据 ICT 的发展程度，可以分为如下几个过程：工艺流程 ICT、信息处理 ICT、信息通信 ICT。ICT 通过减少整个系统运行的时间和成本并且提高产品和服务的质量，大大提高了公司效率和效益。随着产业集群网络链系统的信息交流共同语言的普遍，会使得系统中各个企业之间交流更为迅速和方便,有利于整个系统对市场需求和环境做出反应。

四、企业治理及其相关变量

企业治理是指网络链系统中的网络链各个环节主体的内部管理模式（Lazonick，2007）。农业产业集群核心企业管理模式的完善程度是影响农业产业集群竞争力的一个重要因素。可以用企业成熟度这一变量来表示。企业治理的内容包括很多，比如职能部门和管理人员的总体分工；职能部门及管理人员的界定；协调各种活动部门、工作组和管理人员的通信方式和机制的界定等。企业为了完成一定的计划，需要进行两个决策：工作任务的建立和工作任务的协调。探讨企业组织的复杂性意味着该企业组织各职能分工专业化程度水平。企业内部各个子系统之间的协调是指企业进行流程规划时，将客户订单转化为工作订单，并向客户交付产品整个活动的协调。企业成熟度这一变量可以用来企业在完成一定计划过程中，决策过程以及执行过程的完善程度。

第四节　一般分析性框架的建立

前面所讨论的农业产业集群网络链系统四维度以及各个变量的赋值可以用来描述集群生命周期各阶段的演变特征。对每个变量生命周期各阶段取值的确定是根据农业产业集群现有文献的理论和经验研究的结果。本书将产业集群生命周期分为六个阶段，但是这六个阶段不是每个集群都必须经历的阶段，而显现期、发展期、成熟期是每个集群都必须经历的阶段，这个结论也可以从众多生命周期模型的分析中可以看出。农业产业集群网络链四个维度的生命周期特征则主要是分析这三个阶段的特征。

一、被管理系统的生命周期阶段特征

表 4.1 分析了产业集群被管理系统这一维度的生命周期特征。

表4–1　产业集群被管理系统维度的生命周期阶段特征

被管理系统	显现期	发展期	成熟期
网络结构			
供应链长度	低	高	高
供应链宽度	低	低	高——低
相关利益主体支撑深度	低——高	高	高——低
生产设施配置 供应链空间延伸范围	无	无	无
资源和产品特征			
产品长度	低	低——高	高
产品宽度	低	低	高
产品技术复杂程度	低	低——高	高
工艺流程复杂程度	低	低——高	高

从显现期到发展期，由于产业集群企业专业化分工得到提高，整条供应链的流程以及 BOM 层次的数量（供应链和产品的长度和宽度）均得到增加。比如，山东寿光市蔬菜产业集群在 20 世纪 80 年代初形成，开始主要围绕蔬菜种植，随着蔬菜产量的不断增加，蔬菜流通问题突显，为此发展吸聚和衍生了蔬菜销售、加工配送等下游产业。随着寿光蔬菜产业的进一步发展，促进了蔬菜产业集群的上游产业农药、化肥、农膜、

种子、种苗、竹竿、钢筋等生产资料产业。从20世纪80年代的蔬菜种植为主，到90年代初形成了汇聚蔬菜生产资料企业、蔬菜种植和蔬菜加工和销售产业，寿光蔬菜产业链的长度和宽度显著增加（刘中会，2009）。相关利益主体为了促进产业集群的发展，从显现期到发展期，对产业集群的支撑力度也是逐渐提高的。

在成熟期，被管理系统维度变量取值仍然发生变化。一方面，劳动分工和企业专业化还在不断加深，使得供应链和产品的长度不断增加；另一方面，较高的产品多样性导致产品宽度的增加，即使这种增加是通过标准化的组件和工艺而获得。在既定的生产阶段由于企业的专业化，使得该企业有能力通过工业化进程能够管理更高的产量生产，从而使得供应链宽度呈现减少的趋势。

在成熟期，产业集群往往会获得国际性市场份额，建立国际性生产基地，或者分销中心等。实际上，在产业集群成熟期，许多核心企业使得他们的供应链网络超出产业集群的范围甚至超越国界。如智利葡萄酒产业集群形成于16世纪50年代，经过18世纪和19世纪的发展，到20世纪90年代，智利葡萄酒产业开始进入成熟期。截至2000年，智利占据了全球葡萄酒市场份额的4.6%，在葡萄酒出口国家中排第5位；截至2001年，智利国内最大的4家葡萄酒公司——Concha Y Tom（14.2%）、San Pedro（10.7%）、Santa Rita（4.7%）和Santa Carolina（3.9%）——占据了33%的对外出口，形成了以核心企业为主遍布全球主要消费市场的企业网络。智利葡萄酒产业集群的核心产业是酿酒业。一定规模的酿酒企业都会有自己的葡萄种植园或者专门的合作葡萄园，随着葡萄种植业和葡萄酒产业的发展，诞生了大批协作配套企业。因为智利葡萄酒产业的主要市场是国外市场，所以其分销网络遍布全球各大洲，一般会与国内进出口葡萄酒贸易商合作，便于控制风险和提高竞争力。在智利葡萄酒全球营销的过程中，由中小企业来提供多样化的产品，在最大范围内满足顾客的需求，而大公司则在技术、信息和市场营销上提供支持，一般负责海外市场的先期调研开拓。在一个全新的市场上每一个公司都承担一定的责任，共同提高“智利品牌”的声誉（Visser和de Langen，2006）。进入成熟期，相关利益主体对产业集群的支持力度则由大力扶植转向引导作用，支持深度有降低的趋势。

当产业集群从显现期演化到成熟期过程中工艺流程复杂程度逐步增加。比如，在智利葡萄酒产业处于显现期时，在20世纪80年代欧洲的大型酿酒企业开始不断冲击智利市场，促进了智利的葡萄酒产业的进一步发展。1979年，智利的葡萄酒酿酒商引进了新的机器设备、先进的酿酒技术和不锈钢桶，提高了产量，智利开始成为国际上生产葡萄酒的领先国家。在智利葡萄产业走向成熟期的过程中，伴随着复杂和有效的工艺生产流程的采用。以索尼古拉斯葡萄酒公司等为代表的核心企业，采取了一套先进有效的管理方法确保所有葡萄都能得到精心的培植和管理。公司把大片的葡萄园划分成小块，每一个品种的葡萄酒都有专门的葡萄园，就形成了大葡萄园中的园中之园，管理的责任也能明确地落实到个人。他们把天然种植和科学酿造结合起来，结合了手工制作和科学定量的优点。葡萄成熟后，则按照不同的区域、不同的品种，分开压榨和酿造。这样就生产出了世界一流的高档葡萄酒产品（池仁勇和陈江，2008）。产品技术复杂程度则随着工艺流程复杂程度以及产品细分的需要也逐步增加。核心企业引进新技术的同时提高了产品的质量和细分市场。比如，有“中国葡萄之乡”的上海马陆葡萄产业集群在21世纪初某些维度已逐步进入成熟期。核心企业马陆葡萄开发有限公司，采用了先进的设施栽培技术和设施葡萄栽培选育种技术以及葡萄预冷保鲜技术；这些技术采用的同时也促进了多品种葡萄的开发。迄今为止，马陆葡萄研究所（马陆葡萄开发有限公司的研究机构）已开发出100多个葡萄新品种，规模上市的有40余种。马陆的葡萄品种由原来较单一的“巨峰”，增加了“美人指”“京亚”“黑玫瑰”“红高”“晚红”“维多利亚”“奥古斯特”“粉红亚都蜜”“牛奶葡萄”“夏黑”“早黑宝”等。进入21世纪后，为了适应市民追求生活理念提高的潮流，马陆葡萄在“无土栽培”试点成功后，又率先通过生物技术，研制出一种含有对人体健康必需的微量元素的健康葡萄。继前几年培育出“富硒葡萄”后，2006年又针对血糖高、血压高的人群推出了“富铬葡萄”（陈珏，2005）。

二、管理系统的生命周期阶段特征

表4-2分析了产业集群管理系统维度的生命周期特征。这一维度的变量较多，下面分别从战略决策、客户订单解耦点、协调水平三个方面进行阐述。

（一）在战略决策方面

从显现期到成熟期阶段，在决策层次上从以企业为单位的独立战术业务决策逐步转移到整个产业集群的共同战略决策，具体内容则从产品导向的成本战略向消费者导向的生产灵活性战略的转变，着重强调产品的质量和多样性。由于对产品细分的要求越来越高，并且战略也从成本战略转向产品多样性的战略，从形成期到成熟期的产品生命周期呈现逐渐缩短的趋势。在成熟期，对产品多样化的追求主要集中在模块化生产的装配阶段。从显现期到成熟期阶段，供应链规划活动往往由产业集群的核心企业集中规划。在这个过程中首先关注的配送规划和订单管理，随后也对生产进行规划。

（二）在客户订单解耦点方面

在产业集群显现期，企业常常会采用库存运输及库存生产解耦点进行生产，大规模企业利用产业集群小企业作为生产能力的缓冲区，当需求超过他们本身的生产能力时，则采用订单购买解耦点。在发展阶段，核心企业追求灵活性发展目标，还会采用订单生产战略。在成熟期，由于企业追求产品多样性的竞争战略，则会采用订单装配解耦点。这里需要指出的是，各个解耦点的采用并不是企业在生产周期阶段上唯一采用的解耦点，而是通过以上述各个阶段所采用的解耦点为主要特征，在实践中企业会根据不同的市场环境和需求，而采取不同的解耦点类型。从供应链角度来看，在产业集群显现期，整个供应链的客户订单解耦点处在供应链的下游，随着产业集群的发展，解耦点则会向供应链上游移动。

表4-2　产业集群管理系统维度的生命周期阶段特征

管理系统	显现期	发展期	成熟期
战略决策			
决策层次	低	低——高	低——高
企业基本目标	降低成本	灵活性（产品组合、产量）、降低成本	产品质量和多样性
产品细分	早期	早期	早期—晚期
产品生命周期	长	中	短
供应链规划活动	分散	分散f集中	集中
客户订单解耦点			
核心企业解耦点	订单购买	订单生产	订单装配
供应链解耦点	下游	下游—上游	下游——上游
协调水平			
供应链控制类型	二元关系	网络关系	二元关系或网络关系
纵向一体化程度	高	低	高
合约权利分配	分散、集中	分散	集中
关系的时间跨度	短	短	长
关系维持目的	产量导向	产量导向、专业导向	有选择的产量和专业导向
横向合作程度	低	低	高

（三）在协调水平方面

产业集群发展的相关变量从显现期到成熟期的转变与产业集群中的核心企业有关。从实践中可以看出，这些变量的变化与核心企业所实施的经济增长战略高度相关。在成熟期，核心企业将有利于发展核心业务和控制整个网络的活动或者能力内在化。从而导致这样的结果：垂直一体化程度提高、合约权利的分配两极分化，集中于核心企业手中。而在显现期阶段，垂直一体化程度相对较高，合约权利的分配同时出现集中和分散两种情况：集中管理的原因主要是生产阶段的分散，分散管理主要是初始集聚状态；在发展期，则由于专业化分工，垂直一体化程度降低、合约权利的分配也相对分散。在成熟期，核心企业与一些被选择的供应商之间建立长期的紧密联系。建立关系的目的也发生变化从产量导向型合作转变为专业导向型，或者两者兼而有之。总之，在成熟期，产业集群的特点表现为在网络链系统的核心企业并促进合作水平的提高，以便从高度专业化企业获得互补性的技术和能力。随着从显现期转向成熟期，核心企业与它的合作伙伴之间协调形式也越来越正式化（从非正式安排到合同契约或者标准程序），协调机制而表现为基于相互调整的情况越来越少。协调机制出现了从市场交易向转移价格或者激励机制的转变，这取决于核心企业的增长方式是内部增长、外部增长或者兼而有之。此外，核心企业极力使知识特别是技术知识显性化，因为它直接影响产业集群的竞争力。在知识显性化过程中，知识更容易发生转移，从而使得系统性的产品创新得到提高。核心企业还影响着战略方面信息的流动，尽可能限制显性知识传播到产业集群网络边界之外。

有关产业集群管理系统维度在战略层的例子如上海马陆的葡萄产业集群。马陆葡萄产业集群从20世纪80年代后期开始形成并显现，在80年代到90年代马陆的葡萄种植企业（组织）处于“规模发展阶段”，各个企业（组织）主要追求扩大产量，以规模效应降低本组织的生产成本。从20世纪90年代初到2000年左右处于从显现期到成熟期的过渡期。在90年代末，核心企业马陆葡萄开发有限公司的生产战略已从追求数量转变为注重产品质量和生产灵活性战略，陆续开发了多种品种的葡萄并实现了近40种葡萄的规模上市。近年来，马陆葡萄产业集群逐步进入成熟期，注重实施“品牌战略”，以提高马陆葡萄的整体影响力和知名度。核心企业马陆葡萄开发有限公司在战略上更注重葡萄质量和产品多样性，陆续推出了有利于健康的高端产品富硒葡萄、富铬葡萄等，同时联合当地政府先后举办了马陆葡萄节，并开发了葡萄休闲旅游产业——马路葡萄主题公园。根据（Porter，1998）的观点，形成旅游产业意味着产业集群已发展到了较高级的成熟阶段。

关于客户订单解耦点有关情况在三个阶段发展的实例，国内比较缺乏。在国外则有相应的例证，（Trienekens 和 Trienekens，1993；Van der Vorst，2000）比较详细地进行了不同发展阶段的集群客户订单解耦点有关变量发展水平的实证考察研究，本书将有关结果其总结于表4-2中。

在协调水平方面，具有显现期的特征如山东金乡大蒜集群。金乡是我国最大的大蒜生产和出口基地之一。从1993年起大蒜产业就成为当地的支柱产业，现在金乡大蒜已经形成了包括种植、冷藏、加工和销售在内的完整产业体系，围绕大蒜加工形成了包括种植、冷藏、加工和销售的企业，已初步形成以外销加工企业为核心的纵向一体化程度较高的大蒜加工产业集群，这些企业有自己的大蒜种植基地、冷库、加工和销售部门。目前在以金乡宏昌公司等为代表的核心企业管理系统的协调水平还不高，大蒜加工企业间的横向合作很少。在供应链方面，为采购足够生产原料，加工企业与大蒜种植基地（农户）主要形成了二元关系，与大蒜种植基地（农户）合作主要是为了保证有足够数量的原料来维持生产，还缺乏紧密而稳固的契约合作关系。金乡的一些出口企业也建立了自己的大蒜基地，但这些基地与企业的关系大多都比较松散。加工企业相当部分的原料还是通过市场交易并以市场价格从农户手中购买，以交易为主，缺乏长期的合作关系，供应的灵活性高而稳定性不足，面临的原料质量风险较大（顾莉萍，2004）。由于集群协调水平不高，集群抗风险能力较弱，先后出现的“中韩大蒜贸易”风波和质量安全危机，对集群冲击较大（郑风田和程郁，2005）。

在协调水平方面，处于发展期比较典型的例子如智利葡萄酒产业集群。如前所述智利的葡萄酒产业集群取得了令人瞩目的成就，在2000年，智利葡萄酒出口量全球排名第5位。智利葡萄酒产业的骄人成就，吸引了一些学者的注意，Visser（2003，2006）对智利葡萄酒的治理结构开展了较充分的调查实证分析。根据他们所提供的调查数据，智利葡萄酒产业集群中的协作水平具有发展期的特点。智利葡萄酒产业集群目前主要形成了以葡萄酒酿酒公司为代表的核心企业，最大的酿酒公司为Concha Y Tom公司。在生产原料上各个公司主要依靠公司的葡萄园，这些葡萄园的葡萄质量能符合公司酿酒要求。在需要额外的葡萄时，通过市场临时购买或者通过合同与葡萄种植者进行交易，但合同时间一般不长。在开拓海外市场时，为提高产品的多样性，依托较为完善的销售机构和全球销售网络，核心企业以市场交易方式或利益共享机制从一些小型企业获取部分品种酒以增加产品的丰富性，合作过程中分享一些市场信息。核心企业对供应链的控制呈现出网络关系。核心企业与集群其他组织的协作目的已不单单是保证产出足额数量的产品，而且充分利用小型企业的品种优势形成专业导向型合作关系。在智利的葡萄酒产业集群内的企业间合作间信息共享程度较高，但合作时间较短。

在协调水平方面，成熟期的例子如美国加利福尼亚的葡萄酒产业集群（Porter，1998）。加利福尼亚葡萄种植园分布在加州58个县中的46个县中，到2002年，加州约有1400个酿酒企业，产出的葡萄酒约23.4亿公升（Mueller和Sumner，2006），加利福尼亚已成为世界上第4大葡萄酒产出地。加利福尼亚葡萄产业集群主要由葡萄种植者、酿酒企业和相关的支持企业和组织机构组成（Porter，1998）。加州葡萄酒集群的竞争力，受益于集群内企业（机构）间的良好合作关系。加州葡萄产业集群中葡萄种植园与酿酒企业有着正式而紧密的合作，核心酿酒企业生产葡萄酒的葡萄除了部分来自于自己的葡萄园外，大部分以正式的合同从专门的种植园收购，一半以上的合约期超过1年，平均3.5年（MuelIer和Sumner，2006）。核心企业在合约中一般规定收购所有产于建立合约关系的葡萄园的合格葡萄。集群中核心企业除了以合约关系和他萄种植园合作外，还与其他酿酒企业合作以增加产品的多样化，因而供应链呈现出网络和二元关系的格局。在加州葡萄产业集群中供应链协作采用了正式的合约，而且合约有效期较长。通过合约实现了葡萄种植者和酿酒企业以及酿酒企业间的风险共担和利益分享，对核心企业来说建立和多个种植园建立合约，可实现产出一定数量和等级的葡萄酒，此外核心通过和产品差异性大

品种推向市场，共建“加州”葡萄酒品牌。在加州，不同葡萄酒酿酒企业通过葡萄酒协会（如 the Napa Valley Association，the Sonoma Valley Vintners Association）和葡萄酒研究所（如 Wine Institute，Napa Wine Technical Group）构建了复杂的社会网络，共同制定标准，研究质量改进方法，联合开拓市场，实现信息共享，横向合作程度较高。

三、信息系统和企业治理的生命周期阶段特征

表 4-3 分析了产业集群信息系统和企业治理维度的生命周期特征。

在信息系统维度，在发展期，集群企业为了能够满足生产分工专业化的需求，开始利用工艺流程 ICTs；在成熟期，更多的 ICT 被核心企业利用，如信息处理 ICT、信息通信 ICT。同时，随着核心企业网络结构的重构，企业之间的相互联系更为紧密，在进行信息交流过程中，信息语言标准化程度逐步提高。在企业治理方面，从显现期到成熟期核心企业的企业治理呈现越来越完整、越来越成熟的趋势。

表4-3　产业集群信息系统和组织结构维度的生命周期特征

维度变量	显现期	发展期一	成熟期
信息系统			
ICT发展程度	无	工艺流程ICT	工艺流程ICT——信息处理，信息通信ICT
信息交流语言普遍程度	无	低	高
金业治理			
一企业成熟度	低	低——高	高

第五章　农业产业集群发展的区域化进路

在对现代农业区域化发展路径进行深入分析时，主要围绕三个方面进行阐述，即农业产业集群区域化演进的原因与挑战、农业产业集群区域化演进的未来趋势、农业产业集群区域化演进的基本策略。

第一节　农业产业集群区域化演进的原因与挑战

随着社会不断进步，经济发展水平逐步提高，推动区域内农业产业集群快速发展是当前农业发展所要解决的首要问题，区域内农业产业集群发展相较于其他产业所表现出的竞争优势已经被普遍关注。在我国产业转型过程中，产业集群的发展趋势是一个不断延展、不断提升的过程。面对这个发展趋势，在我国农业产业区域化发展进程中，分析其演进的主要原因及面临的挑战，能够帮助我们分析现阶段我国农业产业发展的模式选择，为新时代中国特色社会主义农业产业集群的发展添砖加瓦。

一、农业产业集群区域化演进的主要原因

（一）合理利用资源，发挥农业产业的优势

为了满足群众对粮食的基本需求，中华人民共和国成立初期我国实行了高度集中的计划经济体制，然而在这一时期，因为对资源的开发和利用不合理，导致长期以来农业产业处于难以形成区域化的现实窘境之中。20 年后，人们在不断的摸索中认识到遵循客观规律的重要性，政府果断放弃了“以粮为纲”的生产政策，农业产业区域化开始逐渐形成。东南沿海地区曾因其独特的自然优势为“南粮北调”作出了巨大的贡献，改革开放后，由于外向型经济的发展，粮食产量开始逐年下降，全国的粮食重心开始转移至华北平原及东北平原地区，这两大地区的经济虽不发达，但劳动力却十分丰富。随着时间的推移，逐渐形成了“北粮南运”的格局。

（二）培育和优化市场，凸显区位优势

市场通过价格机制作用进行资源的优化配置，它对农产品的生产和发展起到决定性的作用。由于改革开放，畜牧产品市场快速发展，加速了市场的流通，国家从以前的行政定价和监管转向加强市场体系和基础设施建设，农业产业区发展迅猛。在这一时期，畜牧业不仅能够有效地转为粮食供给，还提高了农民的收入。2017 年，甘肃马铃薯产量达 1200 万吨，淀粉含量较全国高 1~2 个百分点，成为马铃薯产业的主产区。定西市依靠着区位优势，将马铃薯产业做大做强，这是因为区位条件是农业产业区域化和发展的又一个重要的因素，优越的区位因素、便捷的交通运输 . 可大大降低农产品的成本，提高市场的竞争力和产业效益，推进了产业区域化的发展。

（三）依靠科技的发展，打造主产区可持续发展的能力

农业科技的推广可以提高劳动生产率，促进农业产业的区域发展。近年来，甘肃已经种植了 70 多个新品种，如甘薯、庄薯等，成功引进国外优良品种，现已形成“茎尖脱毒苗培育——温室繁殖原原种——网室扩繁原种——大田扩繁一、二级良种的马铃薯种植五级扩繁体系。全省原产品种类超过 10 亿，种薯 170 万吨。在马铃薯加工中，从精制淀粉到薯条等形成了产销渠道的产业循环链条。

（四）宏观政策的导向作用

在 20 世纪 80 年代以前，中国的农业产业发展水平低，我们对农产品的供应有限，在农产品的产量上也常常遭受短缺危机。因此，这一时期无法形成农业产业的区域化。对此，我国政府利用了改革开放的大趋势，不失时机地实行了农业结构的调整，全国各地依据自身的资源优势，发展优势产业，取得了良好的发展势头。

二、农业产业集群区域化演进面临的挑战

农业产业化发展作为加快我国农业经济增长、促进农村经济跃上新台阶的客观需要，加强农业产业区域内集群发展是深化我国农村经济体制改革的大势所趋。但是在长期的发展过程中，我们也认识到我国农业产业化发展存在一些问题，由于我国农业产业化发展整体水平不高，龙头企业的规模小、带动力不强以及市场竞争力明显落后于西方国家等原因，我国农业产业无论在发展上、规模上还是在竞争力上一直处于落后阶段。由于农业产业集群化整体发展水平低，在农业产业化发展的新形势下，把握好农业、农民、农产品之间的关系就显得非常重要，就目前农业产业化经营模式的发

展程度看，其覆盖面不足1000万户，农产品在加工过程中的转化率远远落后于发达国家。农产品无论是在加工还是在生产环节所占的产业比重持续走低，情况不容乐观。由于龙头企业规模小，在全国的范围内来看，将近7万个龙头企业中，销售收入达到亿元的龙头企业占市场总份额的6%左右，百亿元则更少。由于市场竞争力明显落后于西方国家，在开发研究农业产业化所要推出的新产品时，要注意让市场参与进来，将市场作为有效考虑的范畴。另一方面，在产业化经营过程中，存在利益连接机制不健全的情况，所谓利益连接机制指的就是在生产过程中实行的是产业化经营模式，在这种模式下，企业与农户形成一个利益组合体，在这个链条中共担风险，共享收益。

当前，我国农业发展面临着严峻的挑战，主要表现在以下方面：

（一）部分地区粮食生产呈亏损状态

目前我国是以冬小麦为主，华中、华东、华北区域种植较多，种植一亩地小麦的成本，从土地、种子、农药、化肥、浇水、收获等方面来算，2018年的最低收购价为1.15元/斤，一亩地的成本在600元左右，利润则在500元左右。粮食生产的利润过低导致年轻农民不愿再面朝黄土背朝天。即便是承包大户也因为种粮利润过低不得不缩减种粮面积，选择利润较高的经济作物。

（二）农业产业生产成本增加．产品价格无法成为出口优势

我国劳动力价廉的优势正在逐渐消失，呈每年10%的成本上涨。以河南为例，2015年从事农业的雇工需要支付约100元/天，2016年则比去年增加至130元/天，2017年为150元/天，从这三年雇工的数据可看出，劳动生产率与发展不同步。我们以肉产品为例，猪肉从2015年到2017年出口额持续下跌，同比分别为15.3%、8.6%、6.7%。水果从2015年到2017年贸易顺差不断减少，分别为18亿、9亿、7亿美元。随着城镇化水平的推进，由于耕地面积的不断减少导致农业投入品价格不断上涨，农业生产成本逐年上涨，加上惠农政策有偏差，涉农信贷成本过高，科技对农业的创新不够，导致我国农业产业整体的竞争力下降显然劳动生产率并未与其同步发展。

（三）国内外农产品价格差异，导致其进口量增大

差价导致我国农产品进口呈逐年上涨趋势，自2015年到2017年，豆类进口员从I600万吨增长到4000万吨，增长幅度超过了100%，某些农产品因没有关税配额的限制进口量突增，这些进口农产品代替了其他农产品，使其成为结构性过剩产品。这样产生的后果就是，国家的储备负担加重，粮食加工产业的成本下降。

（四）受 WTO 自由贸易影响，大量零关税进口农产品挤压中国市场

我国在 2000 年加入 WTO，根据其协议规定了我国大部分进口农产品在减税过渡期后将实行的是零关税。目前我国已签署 16 个自贸区，涉及 24 个国家和地区，降低了我国农产品进口关税，造成了国外产品大量进口国内农产品受到严重挤压。

（五）全国工业化导致农业立体式污染，威胁农产品质量

由于我国是人口大国、农业大国，农业的可持续发展深受环境污染的制约。目前在全国范围内，耕地土壤受重金属污染十分严重，污水灌溉面积呈逐年上升的趋势，这就直接影响到了农产品的质量。因为生态环境的急速恶化导致我国的农产品无法出口到国外，使我国的农产品遭受绿色贸易壁垒。

第二节　农业产业集群区域化演进的未来趋势

目前，生态环境问题已然成为一般说遇到瓶颈、陷入瓶颈、打破瓶颈、突破瓶颈社会经济发展的重要因素，如何突破这个瓶颈，推动生态保护与建设，从而建立循环经济乃至循环农业模式，是推动可持续发展的重中之重。生态农业发展的主要方向就是坚持持续农业与循环经济理念，这一理念是现代农业发展与生态保护最好的选择方式，成为现代农业发展的基本趋向。

生态农业源于 19 世纪的欧洲，随之在瑞士、日本等国发展开来，直到 20 世纪美国的土壤学家威廉姆·阿尔伯韦奇（Wiuiam A.Recherche）在美国《国家地理》杂志上第一次提出了生态农业的概念他指出，农业生态从狭义上讲就是减少对种植业不必要的投入，通过实行休耕轮耕、自制农家肥等来发展农业，使农业内部形成一个良性的自我循环系统；从广义上来讲，把生态学技术应用到农业发展之中，使畜牧业、渔业和种植业能够有机联合形成一个良性循环系统，从而达到经济、社会与生态的完美统一。随后 1984 年美国的农学家杰克逊又一次提出农业生态的含义，农业生态就是尽可能地减少人类的管理以及农药化肥等的使用，保持土壤的肥力，避免引起因被侵蚀而降低农作物品种的质量以及数量，实现持久发展的目标。经历了 90 多年的发展，生态农业形成了具有重要意义的农业发展理论，成为世界农业史上的一场革命，生态农业充分发挥区域性资源的优势，使生态和经济这二者之间形成良性的农业状态。总的来看，生态农业遵循的是生态规律和经济规律，与传统农业建立联系，再借助先进的技术，将农业生产、农业环境、农业经济融为一体用以发挥农业的功能，进而形成

良性的生态和经济循环体系，达到农业经济的可持续发展。相对于循环农业，厚重生态和经济系统的一般规律，以农业的可持续发展为基点，用“3R”使资源最大限度地得到循环利用，因为拥有一个良性的循环系统能够对环境的影响较小。在这样一种全新的农业经济发展的理念下，通过技术的创新，调整产业内部结构，改变组织方式，以回报率最高的方式减轻对生态的破坏程度。

一、可持续发展战略下的循环农业

我们一直所倡导的可持续发展战略，是循环农业和生态农业遵循的原则。生态农业着重强调的是运用现代科学技术和管理手段以及传统农业的有效经验，把生态学、生态经济学等生态理论融入其中，使农业经济发展成为可持续发展的农业体系，获得较高的经济效益、生态效益和社会效益，是一种现代化的高效农业。通过发展粮食与多种经济作物合作生产，发展大田种植与林、牧、副、渔业，发展大农业与第二、三产业结合起来，利用传统农业精华和现代科技成果，通过人工设计生态工程，协调发展与环境之间、资源利用与保护之间的矛盾，形成生态与经济上两个良性循环，经济、生态、社会三大效益的统一。而循环农业则主要是在资源的循环利用基础上，实现节能减排和增收，采取“3R”技术原则，将高效率、低耗能设定为发展目标，将农业发展过程中产生的费用进行合理化处理，把农产品废弃物的排放降至最低，实现资源的有效利用和促进环境的可持续发展。循环农业作为一种环境友好型农作方式，具有较好的社会效益、经济效益和生态效益。

目前，循环农业的发展势头远超过生态农业的发展。就农业发展的形势来看，与生态农业相比，循环农业的发展更加迅速，发展模式前景较好，充分利用这一发展形势，我国的农业产业的经济因为循环农业的发展就得到了更好的发展。当然，循环农业关注的最主要的问题就是生态的承载能力，即是否符合生态效益的发展。在产业的生产过程中，需要将经济效益放在保护环境之后，更侧重的是对生态环境的保护。较之于循环农业，利用“3R”技术，将资源的循环利用贯穿在农业产业生产与消费的全部过程，做到一手抓生态，一手抓经济，把经济效益和生态效益放在同等重要的位置，在注重资源循环利用的同时，在经济方面和生态保护方面都达到最优的产出。

生态农业的发展是我们今后工作的一个重点。它要求在一定的经济基础上，在生态环境中建立和维护一个低输入的农业生产发展体系，在这个系统中，需要物质之间快速循环，将系统内的生态环境与经济发展和谐共处，进而改变生态与经济的良性互动，将农业废弃物变废为宝，提高废弃物的利用率。这就是说，在农业产业这个大的生产系统中，循环农业和生态农业在某种程度上具有一致性。唯一的不同就是生态农业更多地侧重于生态与经济的统一协调，因为将生态与经济结合起来发展农业，可以凸显农业的可持续发展。而在循环农业的发展过程中，则是对在生产过程中或者在生产之外的所有物质资料进行循环利用。也就是说，生态农业和循环农业相比，二者都是一种随着社会发展进步而产生的一种现代农业形态，甚至我们可以这样理解，循环农业本身就是一种生态农业的表现形式。在农业产业发展的整个体系中，农业中的循环经济不仅丰富了生态农业理论，同时也是一个系统化的农业循环理论。生态农业在农业生产引入合理的生产步骤，在发起生产的同时，我们还应注意具体情况具体分析，将我国国情和农业发展状况相互联系。

二、现代生态农业的提出与基本特征

按照现阶段发展的情况来看，现代农业的发展是一个与时俱进的过程，人们对现代农业的发展趋向的认知也十分丰富，如绿色农业、有机农业、生态农业等。以“3R”为技术核心的现代农业将农业中的投入和产出放在最优秀组合上，秉承的发展理念是对资源的高效和循环利用，在现代农业发展的体系过程中，即高效与低能组合在一起，实现农业技术的一次实质性的变革，把农业效益与生态农业合并统一，要突出的是生态农业的发展。目前，我国正面临着决胜全面建成小康社会的关键时期，要想实现新形势下我国农业产业发展的需求，就必须在农业生产过程中引入生态循环，进而引导发展循环经济。在这种全新的生产模式的推动下，将生态农业与循环农业作为常态化同步发展。

在生态农业的基础上发展的现代农业，是以“生态”为价值导向，利用循环经济的发展模式，将农业发展同生态环境发展同步进行，形成一个相互制约的系统，以区域内农业发展的整体效益最优为目标，关注的是经济、社会、自然的协调发展。面临着生态环境的恶化，农业作为人类赖以生存的根基，必须高度重视生态的可持续发展，将整个经济体系建立在生态农业的基础之上，实现资源的合理配置。所以，现代农业倡导的是绿色、共享、和谐、创新的发展理念。

现代生态农业的理论来源于生态伦理学和生态经济的实践。其中，生态伦理学是从伦理学的角度分析人与自然的关系，把伦理学中倡导的人文关怀延伸到自然领域，号召人类减少与自然的冲突，追求与自然同生的可持续发展观，形成一种人与自然和谐稳定的道德关系，而生态经济则是依靠生态伦理学与循环经济的发展，通过生态伦理学推动生态伦理道德的不断升华，从根本上改变传统经济的发展模式。从循环经济的角度来看，现代农业是深层次的、扩展的农业经济体，其目标是构建以区域农业持续发展、宏观整体效益最大化的农业发展形态，从生态学的角度来看，现代农业强调生态价值以区域经济发展为核心，秉承的是“生态价值优先”的理念。

进入新世纪，我国农业的发展也十分迅速。就目前来说，我国正在由传统农业向现代化农业的发展模式上转变。在现代农业的发展过程中，人们越来越重视绿色发展。习近平同志指出："生态环境保护是功在当代，利在千秋的事业"。当然，绿色发展理念对于决胜全面建成小康社会意义重大。绿色农业是一场思维领域的变革，在环境问题的处理上，为了提高农业经济的生态效益，我们可以遵循循环经济的"3R"原则，让其参与实践过程，将生态、社会、经济效益进行有机的统一。第一，我们现在所需要的生态农业的发展，需要在现代农业的基础上，遵循生态伦理学和生态经济学规律，将其运用到生产过程中，追求最大的生态价值，实现农业集约化经营的发展模式。现代农业的发展，一般的生态学家认为，将经济与生态保护放在一起，并且优先生态环境的保护，在农业的发展过程中，主要是以生态为价值导向，强调的是在区域内的经济、社会、生态的协调发展，也就是说，发展是以农业的循环经济为目标。第二，生态农业发展的基础是循环农业生态农业是依据生态伦理学的发展理念，将自然资源放入循环经济发展的模式中加以运用，把低能耗放在首位去提高资源的利用率，也就是说，把农业的投入、产出与效益的提高放在同等位置加以重视，形成现代农业产业经济发展的规模。第三，根据实事求是的原则，现代农业因地区差异的不同，产生出了不同的生态发展结构与功能按照目前农业发展的现状来说，可持续发展是大势所趋，所以我们必须倡导全面、协调、可持续的发展战略眼光，统筹区域发展，将区域内发展的产业经营模式的效益最大化，为促进区域经济的发展做出相应的贡献。第四，我们所说的在农业产业中将生态放入经济效益考评中加以评估，得出在生态农业绩效考评中，它是具有公共物品的属性，在这一属性中，作竞争性和非排他性的这两个特点就说明生态农业的发展依靠企业和公民是不可能实现生态效益最大化的，它需要的是政府强有力的支持，因为只有政府机构才能重视生态的发展。即是说，现代生态农业的发展不仅要依靠现阶段的市场配置发生作用，也需要政府的关注，二者的联合作用是保证生态农业发展的前提。

推进农业发展机制改革。从现代生态农业的发展来看，西方国家的农业与完善的市场制度和政府科学的决策分不开，而我国尚未形成这种体系。据此，需要完善和深化农村经济体制改革，加快构建现代农业制度，在农业发展的基础上，着力构建城乡一体化发展模式，促进城乡经济一体化发展，尤为重要的是，在进行乡镇的其他一系列的制度、机制、体制改革后，发展特色农业。

目前，我们所倡导的发展现代生态农业，需要结合各地的发展思路，在工业化、城镇化、现代化的发展过程中，可以将三者融为一体，再加上城市和农村的共同作用，共同促进现代生态农业的发展。在其发展的过程中，对现代生态农业要进行一个合理的对未来的发展预期，如制定规划思路、举措、目标等，在探索农业产业化发展时期，实行工业反哺农业的工作导向，无论是在政策上还是在价格上给予各项补贴。同时，在农业发展的过程中，企业从事农业生产或将加工中产生的工业废弃物进行合理的转化，支持生态农业的发展，进而推动生态农业持续发展。

构建循环农业科技体系。现代生态农业是一种可持续的农业发展模式，走的是投入少、产量高、消耗低、效率高、资源节约和环境改善的可持续发展。现阶段，新的科技革命正影响着农业产业的发展。特别是生物工程技术由试验转向应用，用基因拼接法生产脱氧核糖核酸，用无性杂交、基因移植法培育新的动植物品种，它为农业和畜牧业生产以及人类营养需求开辟了广阔的前景。以甘肃为例，甘肃省启动实施了现代农业科技创新行动，制定并出台了相关文件，将创新作为农村科技发展的支撑因素，通过改善区域内自然环境相对较差地区的基础资源，加大了区域内农产品的有效生产，推动了区域内农产品的外销和管理经营，保障了区域内农业产业的集群化发展。

推进特色农业产业化经营。2007 年，原农业部颁布了《关于推进农业经营体制机制创新的意见》，以深入推进农业经营体制机制创新，加快农业经营方式传变，促进现代农业发展和新农村建设。农业产业化经营是农业产业化的必然结果与具体体现农业产业化经营的构成要素主要包括农业龙头企业、农户、主导产业、农业生产基地、社会化服务体系等，而农业生产不同环境、不同产业链条结合起来是农业产业化经营的基础与保障。目前，面向市场化的农业现代化是培育适应社会化大规模生产的市场经济主体，形成市场配置资源的机制。因此，农业产业化经营模式的选择实际上是选择适宜的组织形式来实现农业生产主体与市场的对接。在促进农业产业化的同时，必须依靠当地的资源和环境优势，从当地农业生产力发展水平和农村经济发展程度入手。

目前，我国农业产业化经营模式主要有龙头企业带动型发展模式、合作经济组织带动型发展模式、主导产业带动型发展模式、现代农业综合开发区带动型发展模式四种类型。我国农业产业化经营是继农村家庭联产承包责任制以后，在市场经济体制下发展起来的一种全新的农业生产经营形式，也是农业制度变革的必然选择，农业产业化经营制度的优越性，主要表现在三个方面。一是实现农业规模效应。在农业生产前、生产中、生产后，需要周密的布局、运筹帷幄的手段提高产业的专业化生产，以此带来区域内的规模效益和规模经济。二是缓解市场风险。通过工业化管理，特别是市场内部组织中介，引导农民有序进入市场。通过农业产业化经营，减少中间环节和利益流失。三是降低交易费用。在产业化经营的过程中，要减少来自中间环节所带来的损失，在相关费用下降的同时，在家庭联产承包责任制的基础上，发挥农业的外部经济来填补内部经营中带来的利益流失。在这一过程中，发展生态农业有助于帮助实现农业的快速发展，因为生态农业是生态脆弱、经济落后地区农业在市场经济环境中实现健康稳定发展的有效途径。

三、西北地区农业现代化的发展趋势

在我国的西北地区，农业产业经济的发展一直受到传统农业的桎梏，在市场经济条件下各地政府都在寻找具有本辖区特色的农业发展新出路。目前，世界范围农业发展的一大新趋势是具有独特资源条件、明显区域特征和特色产品品质的特色农业近年来，西北部地区的农业取得了较为显著的发展，多种农产品的产量都有较大幅度的增加，但在发展的过程中可以发现，仍有较多因素制约着我国西北部农业的发展，降低进一步提升农产品产量的潜力，发展现代化农业的需求越来越突出。在这里，需要强调的一点是，发展特色农业就一定要坚持走科学的农业现代化发展道路，以甘肃为代表的农业——畜牧业——沼气、农作物秸秆再生循环利用、农——牧——菌、畜——沼——粮菜果药、农——牧——虫——禽等循环农业模式，有力地延长了传统农业链条，促进了生态农业的良性发展。

在西方国家，关于生态农业的记载可以追溯到19世纪的自然保护运动，并且到目前为止，循环农业依然是西方国家在农业发展上的方向。针对如何摆脱传统农业的束缚，把农业生态环境作为发展的重点，我们可以制定以下目标：

一是提高生态农业的发展水平。我们可以从目前的社会经济效益投入与产出的比例上来看，生态农业在现代农业的发展过程中扮演着举足轻重的角色，生态农业具有的无可比拟的多种功能优势，如商务、养老、旅游、文化等多方面的发展结合在一起，可以使现代农业得到最好的发展。再将生态与农业这二者结合起来，最主要的是能够推动城乡一体化发展，实现区域之间的协同发展，同时也为农业找到了新的经济增长点。

二是改善区域内自然环境。改革开放40年来，我国的经济发展突飞猛进，但随之而来的环境污染问题却给人们带来了困惑，而我们所倡导的生态农业就是在改变和恢复自然环境的前提下实现经济增长、农业生产、环境保护，三者同步发展体现了我们在探索农业发展的同时也重视了随之而来的问题。

三是提高区域整体效益水平。提高区域整体效益水平是在可持续发展的前提下实现区域内的协同发展。我国现代农业发展的形式就是农业产业的集群发展，在其发展过程中，通过“三化”的要求可知，我国农业产业发展的重中之重就是其整体效益的提高，因为这既体现了农民的合法权益不受侵犯，同时，还表现出来的是现阶段我国农业产业资源的转型和升级。因此，我们在研究农业产业发展的时候，可以将与农业相关的资源整合起来，培植资源的有效形式，可以将我国的农业产业发展到最优的经营模式中去。例如，甘肃定西的马铃薯普产业集群正在打造全国闻名的“中国薯都”。马铃薯再产业作为甘肃的传统产业，是甘肃三大粮食作物之一，也是黑龙江省齐齐哈尔市甘南县；甘肃省甘南藏族自治州甘南州；甘肃省甘南藏族自治州重点扶持的、最具发展潜力的项目之一。而定西市在新品种研发培育、马铃薯种植面积和总产量以及马铃薯产业总产值方面都是全国农业产业发展的典范。虽然定西市的马铃薯产业发展势头良好，但是在全面建成小康社会的大环境下，仍需要向高度集约化的发展模式靠拢。因为建设农业产业集群是我国农业产业发展的必经模式，定西坚持马铃薯产业的发展，就要保障农民的主体地位和生产经营自主权，同时加强政策引导和信息服务，充分调动地方政府、企业和农民的积极性。要注意运用好当地干旱半干旱的特征，坚持农民的意愿，着眼于“中国薯都”的开发，着眼于每一个生产环节，对其分析并找出不足，最后达到以质取胜的目标。同时，为建设马铃薯产业集群，还需依靠大市场带动农民的发展模式，通过有效的土地流转，将分散的小农户逐渐转变为集中生产的区域内的大农户，快速形成马铃薯产业的新的发展模式。

今后，定西市马铃薯发展的重点是：第一，加大科技的投入，建设标准化的马铃薯农业产业工业园区，推广新设施，覆盖新材料，培育优种，研究和推广现代化的育种技术，使种植质量更好。第二，加大创新力度。在大力发展马铃薯产业的推动下，以马铃薯为原料的相关配套产业也应起到优势补充的作用。例如，甘肃某研发公司研发了一种马铃薯全粉汤圆的加工方法，这种加工方法是以马铃薯全粉为汤圆的主要原料，因为马铃薯富含膳食纤维，使得以马铃薯为原料的汤圆在冷冻处理后下锅时不会明显裂开，使汤圆的味道更好，也增加汤圆的营养。而且，该种汤圆的原材料远低于以糯米粉为原料的汤圆，无论是消费者在脂肪的摄取上还是它所含的糖分上都较之于传统的糯米汤圆有优势，从此例中我们就可以看到创新的重要性。第三，加强与国外企业的合作，实现双赢。去年，甘肃某公司参加尼泊尔首都举行的“兴都库什喜马拉雅适应性创新科技展”，该企业带着定西马铃薯企业的多种薯品赴约，吸引了众多关注者的眼球，定西的马铃薯得到外国食品行业的认同，这就意味着定西巧铃再开始走出国门、逐渐走向世界的强劲发展势头，今后，在“一带一路”的推动下，还需做马铃薯种植培育和主食化产品，促使定西市带领广大农民尽快脱贫致，进而实现互惠互利的发展格局。

第三节 农业产业集群区域化演进的基本策略

2017年我国按照乡村振兴战略和推动农业高质量发展要求，各部门之间相互合作、紧密配合，积极搭建政策支撑平台，落实相关政策措施，探索创新农业产业集群区域化发展新模式，推动龙头企业转型升级，取得了显著成绩。在2018年联席会议上，相关负责人进一步强调，农业发展要统筹协调，精诚合作，围绕“发展农业产业化，促进农村振兴”，规划新时代我国农业产业化发展的新思路，研究制定文件；共同开展调查研究，改进政策措施；加强龙头企业的运作监控，提高龙头企业的建设质量；培育农业产业化联合体，促进小农现代农业发展有机结合；加强土地经营权与管理权，投资发展农业产业化经营管理，创新和完善农业产业化利益联动机制，培育农业区域产业化联合体，推动农业向高质量高水平方向发展。在推动农业产业集群区域化演进的过程中，将推动农业供给侧结构性改革与乡村振兴作为农业产业发展的目标，促进乡村经济多元化发展，提高农民就业率和收入水平。

一、打造区域品牌，壮大品牌知名度和市场竞争力

农业产业集群的区域品牌作为公共产品的基本属性，在具体的运转过程中必然会出现一系列问题，比如投资体缺位和品牌形象易损，面对这两个较为棘手的问题，在农业产业集群区域内的相关政府部门、在驻企业、行业协会、农户等就必须强强联合，在合作中相互影响、相互作用，共同研发出好的产品，进而形成区域品牌。将自身品牌发展与区域品牌的维护和发展相融合，提升农业产业整体形象与品牌知名度和市场竞争力，构建区域品牌发展平台，坚持专业化生产，扩大区域产品影响力，提升品牌信誉度。

（一）基于区域特色区位分析，发展区域优势产业，增强产品市场知名度

区域品牌是提升区域特色产业市场竞争力的手段，推进品牌建设化经营模式，形成既具竞争实力又具特色优势的农业产业集群，形成品牌效应，可以让利益共同体展开内部协作。例如，福建省地理标志产品保护将近 300 个，这 300 个品牌为福建的经济发展带来了巨大的发展效用。一是直接带来了经济利益的流入。在福建，武夷岩茶在得到相关部门认证成为地理标志产品保护以后，其在茶市场的销售价格一度飞涨，市场前景一片光明。二是可以加大特色农产品的实力。众所周知，安溪铁观音品牌推动了乌龙茶的迅猛发展。三是利用特色产业的发展使区域内经济发展加快。

就甘肃而言，在推进区域特色农业品牌化的发展中存在着这样或那样的问题，制约着区域品牌的发展速度，影响全局的提升水平。主要表现为：科研人员匮乏、农产品社会化服务体系不健全、农业品牌意识薄弱、农产品宣传和保护有限等，所以，相关部门应该做的就是转变态度，将农业品牌化的发展作为重点，加强引导、培育和保护。第一，政策引导，成就品牌。制定有效的扶持政策，选择创新性强、发展前景好的农产品进行标准化生产，进行品牌的培育，以便提高农产品的质量。第二，制定政策，帮扶品牌。对产业集群内已持有品牌农产品的企业，坚持以市场为导向，制定有效的农业产业政策，鼓励其设立专项资金，用专门维护品牌战略。这是因为品牌如若继续扩大生产规模，做大做强，就需要强大的资金支持、人才培养、技术创新、信息通畅。这样做的好处是既保护了品牌，又宣传了品牌，促使农产品屹立于市场而不倒。第三，龙头企业参与研发新产品在推进农业产业化的发展过程中，特色农业成为区域农业产业发展的着力点，因此，我们可以申请组建新的企业发展模式来推动农产品品牌的创建一日前，我们所采取的策略就是要调动农户和企业参与农业产业的积极性，才能在品牌维护中产生作用。通过奖励机制，使农户和企业在维护农业区域品牌的时候得到

应有的利益；政府和行业协会采取一些政策性的措施，维护生产秩序的稳定进行，这对于生产出高质量的产品是非常有意义的。

完善农业区域品牌的保护制度。众所周知，区域品牌作为农业产业发展过程中的无形资产，有着很高的市场价值。但是因其自身所呈现出来的缺陷，会导致异位现象的产生，此种现象的出现与区域品牌的营销方式背道而驰，不仅损害了构建品牌的声誉，还会将企业推进盲目发展的误区。面对此种情况，完善相关的保护制度迫在眉睫。针对农业产业集群区域品牌的申请者而言，要注重保护其区域品牌的所有权；针对农产品的质量而言，要严格集群内的生产管理与生产经营，防止生产出来的产品影响到区域品牌的发展；针对打造区域品牌建设的集群内的参与者而言，强化区域品牌意识，制定区域品牌保护制度，可以有效发挥相关部门的作用，如政府的导向作用，农户、企业、协会的支撑作用，以及企业之间创造的合作平台。总之，维护农业区域品牌是当前农业产业集群的重点工作。

（二）依托市场有效需求，通过专业化生产，提高产品市场竞争力

发展现代农业的重要支撑需要发达的流通产业和完善的市场体系，我们可以依靠市场这个大平台，通过快速的农产品流通，进一步开拓农产品市场，通过贸易的集聚带动生产集群，进一步优化农产品贸易的流通途径，通过专业化生产，提高区域内产品的市场竞争力。因此，要加快城区综合市场和销售地的改良升级，通过科研技术进步推动农产品主要产区专业化生产，并借助互联网的发展扩展新型的流通渠道，进一步完善农贸市场的改型升级，发展节地独有的特色农产品。同时，要建设一批农产品物流配送中心，重点扶持本地的特色农产品，并与龙头企业形成合作关系，这样内外联动，就会加速区域内特色农产品品牌效应。例如，广东竹器编制产业集群就是以信宜市为中心，发展特色农业集群，通过贸易集聚带动生产集聚，生产前景十分好，因为其是劳动密集型产业，有效地解决农村剩余劳动力的就业问题，产品远销欧洲国家。

二、扩大产业规模，推动农业集群规模化和系统化

创建农业产业集群的区域品牌能够带动区域内农业相关产业的发展，推动农业产业集群的转型升级，是农业产业集群发展的动力。在产业集群的形成规模上，产业生产的产品要保持良好的市场占有率，与关联企业相互合作，形成农业产业集群。在这种模式下，以有效地形成专业化的分工体系和合作网络，既可以克服某一个单独发展的企业受到瓶颈限制，也可以消除由于决策不当给企业带来的消极影响，增强区域品牌的传播力度，与此同时，企业通过创造品牌的效应，不仅节约了因宣传而产生的广告费用，也拓宽了产品的营销渠道，这样会增强品牌的号召力。企业在这个过程中，实现了自我强大，企业通过自身打造的品

牌迅速发展，在行业内越来越具有竞争力。因此，相关部门应该倡导建立农业产业集群的区域品牌效应，对有竞争优势的企业进行政策倾斜，做好农业产业集群的合理规划，利用本辖区内的区域优势，引导企业创新发展，努力打造农业区域品牌。

（一）优化区域原有分散布局，组织企业高质量集群化发展

纵观我国现代农业产业化的发展，注重的是整个产业的均衡发展，再也不是传统的单一生产模式，整个农业产业链条的发展能够促使农业产业中农产品加工的精细化和配套服务的程序化，对农业生产的有序进行提供一种示范的作用。就目前来说，产业链条的延伸可以带动农民的就业，不断吸引农村精壮劳动力的加入；企业还可以与农户建立一对多的合作机制，与农户共享发展成果，在“企业＋农户”的运转模式中，挑选种养大户进行培养，待农户学成技术和培育的方式方法后，可在农户之间进行推广，确保高质量的农产品进入农产品加工环节，并为其提供原料支持。同时，反过来讲，这种“企业＋农户”的生产模式也可以应用在培育具有现代化农业产业企业中，我们在农户与企业的相互合作、相互联合的基础上可以采取各种各样的方式来推动农户与企业的共同发展，将企业和农户牢牢地捆绑在一起，在这个经济体中，企业与农户和谐共生，既享受因发展所共享的利益成果，又承担因各种因素所带来的利益风险。在产业集群中，龙头企业在其中扮演的角色很重要，甚至可以发展成为带动当地经济腾飞的压梁石，不仅能够提升整个区域内农业产业集群的竞争力，也能够为区域经济带来创收。

（二）培育壮大龙头企业，发挥龙头企业示范带动效应

不言而喻，农业产业集群化发展在享受利益成果的欣喜下，还面对着各种风险与挑战，但是困难和挑战也会带来新的希望和发展机遇，特别是对带有战略眼光、主动适应转型升级的龙头企业。龙头企业可以有力地推动农业区域品牌的建设，帮助找准市场定位，加大农产品的生产加工规模，使其快速发展。在一个地区，如果有龙头企业的带动，企业就可以参考龙头企业经营方式和生产模式，同时运用合作和兼并的方式进行企业重组，促进区域品牌的发展。通过培育行业龙头企业进一步强化企业创新意识，同时加大创新力度，力求在核心技术和关键工作上取得突破，潜下心来做精做强，通过培育龙头企业，发挥龙头企业在主营业务竞争和抢占产业链中的高端优势，并对有条件的企业积极推进产业转型，通过内部研发储备和对外收购兼并等多种方式培育壮大具有高度成长性的创新项目，并最终实现对原产业的替代，大力实施品牌战略，把创建品牌和建立营销网络有机结合起来，通过积极采用新的营销方式和营销手段来完善生产加工和销售渠道，提高市场拓展效果，努力掌握市场主导权，积极培育特色企业文化，带动区域农业产业集群式发展。

三、加强各项投入，提高农户生产积极性和参与度

在推进现代农业的进程中，要落实好《农民农业合作社法》，从而提高农民组织化程度。对政府这一块，加强政府职能的传变需要做到以下几点：第一，坚持创新是引领发展的第一动力，多举办科普活动，将科技创新的路子全覆盖，使用这样的形式可以加强全民的体验性和参与性，营造依靠农业发展、依靠科技创新的浓厚氛围。大力推进“互联网＋农业”，建立网上科技活动周、数字科普终端、技术交易平台，与线下活动一起搞好科普工作，将科技贯穿到每一个具体实施步骤上。鼓励县（市）依托本辖区内的特色产业、先进技术，发展建立集传统文化、科技创新、科学与教育等为一体的多元化教育与科学示范基地。第二，建立健全政策体系。赋予市、县级政府更多自主权相关部门在符合规定的情况下，引导区域银行支持针对农业创新融资的需求．在政策性引导的基础上，鼓励企业实施人才创新计划，配备专业的技术人员从各领域进行实时监管，进一步强化企业对科技资源的开放和利用程度。第三，推动交流合作。可采取企业与高校、科研机构的强强联合机制，在研发中共享学术研究成果。

为了能够充分调动农民生产和创业的积极性，相关政府部门还要制定出台一系列的政策扶持，对自主创业的农民进行引导，构建完备的创业培训平台，为农民创业致富创造良好的环境。例如，河南焦作的“一元公寓”计划，针对农民的现实需要，焦作市人社局在市委组织部的推动下，开展定单式的就业技能培训班，无论是农民还是农民工，只要有需求，交纳一元钱的住宿费，就能享受为期十天的职业技能培训。虽然说每个地区的发展都不相同，但是我们可以借鉴，“一元公寓”计划的出发点是为当地人民提供致富的方向和手段。就目前我国农业产业化发展过程中农民自主创业而言，相关政府机构要实实在在地将惠农政策与产业集聚的规划和发展有机地结合起来，确保区域内农业产业的可持续发展，为农民的创业减少一定的阻力和政策上的可防控的风险。更为具体地来说，就是在为农民提供资金帮扶的服务过程中，也可以鼓励他们拿出自有资金或者自筹资金。同时，在土地、税收、水电等方面提供优惠政策，着力构建公共支撑体系和公共服务平台。在产业集聚的外部环境建设条件下，减少由于行政壁垒带来的烦琐的审批手续，将农民创业园作为助推经济发展的重要组成部分，将园区内的相关税费、厂房等资金补助及时拨付到位，让农民在医疗、社会保险等方面得到相应的保障，同时为他们提供过硬的政策咨询。

（一）组织发展行会，发挥政策支撑

行业协会作为一个极具意义的民间组织，可以把农户、企业、市场、政府有机地结合起来，加强彼此之间的有效联结，是维系各方面不可或缺的纽带。行业协会在运营过

程中，主要是将分散的农户与企业、企业与企业联合起来，发挥各行的优势产业，弥补自身克服不了的缺陷，达到发挥区域集群的品牌效应的目的。同时，行业协会还肩负着对农业区域品牌的定位、宣传等使命，承担着企业维权、行业自律、举办展会等一系列相关事宜，通过博览会、洽谈会、研讨会等活动，打造推广区域品牌。它既包揽：对农业区域品牌的培育提供专业培训服务，又要经过制定行规来完善自身的发展，目的是继续推广农业区域品牌。在农业产业集群的发展中，企业本着自身发展的原则，很有可能会投入自身发展的企业品牌，而不是区域品牌。因此，政府在其中扮演的角色十分重要。在地区经济发展过程中，政府在农业区域品牌的发展上的作用不可忽视，如若政府的作用没有得到有效的发挥，将会导致在区域内的企业形成管理分散、倒戈严重、各自为战的局面，这不利于参与者之间的相互作用。这样产生的后果就是农业产业集群在区域品牌的创立上具有盲目性和跟风走的情况，较为薄弱的企业在这样的大背景下对未来企业发展的状况感到迷茫，再加上龙头企业一味地追逐利益，偏好自身企业的品牌效应，不重视区域品牌的建设，就更加恶化了不利局面。因此，相关部门要给予政策上的倾斜和扶持，注意引导龙头企业的示范带动效应。投入一定的资金和政策优惠，鼓励相关企业、协会、农户之间合作，对其生产方式和经营方式进行有效的管理与监督，培养参与者的大局意识，为本辖区内的区域品牌做出建设性的支持与建议。

（二）依靠科技投入，提高农户积极性和主动性

农户在农业产业集群的区域品牌建设中扮演着最活跃的市场主体的角色，农户与中小企业的联系，构成的是农业产业集群的产品体系，通过品牌优势和技术投入，农业生产增收明显，农民生产积极性和主动性有效提高，农业集群的参与度也明显提高。这就意味着在打造区域品牌和增加技术投入的前提下，整个农业产业集群通过农户生产积极性和普遍参与度的提高能够有效提高集群质量和扩大市场覆盖情况。因此，在区域内参与农业产业集群的农户与企业需要围绕市场这个有利的方向，制定生产规模与生产策略，相互合作，共同进步，提高自身的能力，使得各方在区域品牌的构建中达到共赢。

四、创新管理体制，规范农业产业集约化和专业化

（一）改革原有粗放式管理，发展现代集约高效化经营

创新思维方式要求我们冲破传统的农业发展方向，用现代农业的思维方式引领现代农业的发展。农业产业集群需要相互合作，分工合作。这种合作方式是以市场主体为出发点，让其参与价值链条上的分工协作，增强他们的团队协作意识，从而改变传统的家

族式生产模式，让他们了解一荣俱荣的竞争之道，从而实现双赢或多赢。一般来说，经济的发展依赖于产业的发展，产业的发展在一定程度上要关注产业集群的发展状况。从目前来看，现代农业产业集群具有一定的内生性质，这并不等于所有的农业产业均适合发展产业集群模式。这是因为产业集群的发展更多依赖市场的需求，根据市场的行为判断是否有需求，所以说农业产业集群的发展不能刻意依靠人为因素，但是相对而言，发展农业产业集群在一定程度上离不开政府及其相关部门的扶持，如印度班加罗尔的软件产业就是政府扶持的结果。在产业集群的发展过程中，政府的协调作用十分显著，在农业集群的萌芽和起步阶段，政府在许多方面都扮演着重要的角色。例如，在制定政策时候，为与农业产业相关的配套产业提供其发展必备的准公共用品，引导企业有序加入，在资源配套设施建立的同时，不仅完善对于中小企业的服务体系，更为企业提供很多的便利条件。又如实施积极的信贷、财政和税收政策，引导农业投资向农业产业集群倾斜，加快农业科技进步，大力发挥科技支撑作用。进一步健全营销体系，扶植壮大产业集群内的市场经营主体，整顿和规范农产品市场秩序，提高农产品流通效率，建立和完善风险保障体系。规避农业发展风险，建立适应农业产业集群良性发展的农业管理体制。特别关注中介机构和服务体系的作用，引导和培育产业集群往多向联系的方向发展，增强集群中良好的“信任和承诺”，建立集群主体的学习和交流机制，在集聚区内营造一种竞争合作、协同创新的“氛围”，让农村合作组织、行业协会和各类培训机构等在促进实用技术扩散和农民企业家精神培养方面发挥重要的作用。

（二）加强物流和信息服务，建立健全一体化服务体系

通过建立农产品物流公司、信息中介公司及其他服务性公司，有效地利用农村剩余劳动力，并扩大农业生产规模，同时也能提高农户收入必须清醒地认识到农业产业集群不是孤立发展的，必须要有一个完善的服务体系，主要包括各种规范的咨询和中介服务机构，如管理、技术、信息、人才、财务、金融、法律等方面的中介服务，完善的创业服务中心，依托大学、科研机构和有实力的企业集团，同时根据不同企业的不同发展阶段和不同业务范围，提供相应的服务，为促进产业集群提供良好的发展基础，完善集群中间产品市场体系，建立相关融资网络系统，拓展外销网络并通过加强物流和信息服务，有效规范农业产业的专业化，做到专业化生产、专业化经营、专业化销售。

第六章　基于价值链背景下农业产业集群创新

乡村振兴战略中提出：乡村“产业振兴”的要求，推进农业产业振兴发展，最关键的就是要促进农业全产业链价值增值，2016 年中央一号文件指出，要重构农业产业价值链，促进农户与市场、农业现代化的有效衔接，形成增产增收的新动力、新机制。2018 年中央一号文件提出“推进农业产业链整合和价值链提升，让农民共享产业融合发展的增值收益，培育农民增收新模式”。《国家乡村振兴战略规划（2018—2022 年）》也明确指出，“要培育农业农村新产业新业态，打造农村产业融合发展新载体新模式，推动要素跨界配置和产业有机融合，让农村一二三产业在融合发展中同步升级、同步增值、同步受益”。重构农业产业链，增加农业价值链的增量收益，是实现农业产业振兴发展、促进农民增收致富的核心和关键所在。为此，围绕如何实现农业全产业链价值增值这一核心问题，对产业链、价值网络理论及现有发展路径进行分析，构建农业全产业链体系，提出农业全产业链价值增值的创新路径及其实现机制，为促进农业产业振兴发展提供参考与借鉴。

第一节　产业链及价值网络理论概述

一、产业链及其整合理论

产业链是一种以产业分工为基础，以企业为载体，以产业关联为纽带，以价值增值为导向，以提高企业和产业的竞争力为目标，按特定的逻辑关系形成的具有中间性组织和网络组织特性的新兴产业组织模式，通常包括供需链、价值链、产品链、技术链和空间链 5 个维度，是产业价值实现和增值的根本途径。产业链具有功能效应，包括整合效应、竞合效应、协同效应、增值效应、学习效应和创新效应等。产业链的延伸、拓展、提升及整合都能实现价值增值，这种增值往往来自于产业链的乘数效应，当产业链中某一个节点的效益发生变化时，产业链中的其他关联节点相应地会产生价值倍增效应。根据科斯（Corse）的边际交易成本理论以及威廉姆森（Williamson）的交易费用理论，企业可以通过增强与产业链中上下游各个企业（环节）纵向协作的紧密程度，提高协作效率，降低交易费用，从而实现产业链价值增值。产业链整合就是通过核心企业调整、优化相关企业关系，改进和完善运作流程，使其协同工作，降低交易费用、促进技术转移、提高资源配置水平，提高整个产业链的信息共享程度和协作效能，是价值增值的重要驱动力，能增加顾客价值并获得产业竞争优势。

二、价值链及价值网络理论

迈克尔·波特（MichaelPorler）的价值链理论认为，价值链上的每一个环节及活动，包括基本价值活动和辅助价值活动，共同构成企业价值链，而上下游企业的价值链衔接则构成了产业的价值链系统，企业通过确立价值活动并提升价值创造能力来获得价值增值。价值链是一个投入、转换、产出过程，比较强调竞争及企业内部的资源优化配置，是基于单一主体、封闭、固化、静态的存量价值创造视角。

随着竞争环境、信息技术、产业链组织形式等因素的变化，企业逐渐认识到价值网络是由不同利益主体共同参与、相互影响而形成的价值生成、分配、转移和使用的关系及其结构，并共同实现价值创造和价值增值。大卫·波维特（David Bovel）在《价值网：打破供应链挖掘隐利润》一书中提出价值网是所有企业活动参与者关系的解释并认为，价值网由顾客、供应商、竞争者和互补者 4 个核心构成。价值网络是以顾客价值为导向，运用协作、联盟等形式构建的价值创造和价值管理体系及网络结构，从整体上对价值网络实施一体化运作，快速响应顾客的需求，并提供个性化的价值组合，为顾客创造新的价值。企业不仅要关注内部有优势的价值活动，还要关注产业链价值系统的管理。价值网络是企业核心资源和竞争力的优化与提升平台，能够减少产业链交易成本、提高顾客价值让渡效率。虚拟企业、虚拟技术和虚拟化运营会对价值网络的资源配置及价值增值产生影响，模块化、知识创新和有效协调能够带来价值创新和增值。价值网络的本质是多行业价值链和价值系统的整合，具有交互、进化、扩展和环境依赖的生态特性，能够形成网络经济、规模经济、风险对抗、黏滞效应和速度效应等竞争优势效应；构建以顾客为中心的价值创造网络是企业组织演进的最新趋势。通过构建纵横交互、跨产业、立体化的价值网络体系，能够提高产业链各主体之间的匹配性和选择性，强化产业之间技术、知识、信息的关联度、创新性，拓展产业链动态、开放、创新的发展空间，并促进不同主体之间交互、演化、拓展和共生的生态价值属性，提高协作能力，实现“1+1>2”的价值增值效应。价值网络更加强调创新活动产生的价值增值，是基于多元、开放、创新、动态的增量价值视角。

经济合作与发展组织（OECD）关于农业多功能性的研究报告指出，农业在满足人类基本物质生活及生产功能的基础上，还具有经济、生态、素质、形象、社会、文化等多种功能特性。2007 年至今的中央一号文件中都明确提出“要开发和深度挖掘农业农村的多种功能效用，培育壮大农村新产业新业态”。通过挖掘和利用农业的多功能效用，可以提高包括经济价值、生态价值、素质价值、形象价值、社会价值和文化价值等内在的一系列价值属性，全面实现农业全产业链价值最大化。

研究产业链价值增值，需围绕如何创造价值、创造什么价值、创造多少价值，系统深入地分析价值增值的类型、方向和路径等，拓宽全方位价值增值的空间和途径，释放出价值倍增的能量。从价值增值类型看，不仅要实现产品增值，还要从服务、规模、技术创新、品牌、产业链协作等多方面实现增值；从价值增值的作用看，不仅要重视直接增值的作用，还要重视间接增值的作用；从价值增值的主体范围和责任归属看，不仅要实现某一个环节或节点的局部增值，更要设法实现全产业链的整体增值；从增值方向看，不仅要实施正向增值，如价值创造和提升、机会增值等，还要实施逆向增值，如成本降低、风险防控等；不仅要关注静态的存量价值，更要关注动态的增量价值。本研究从存量增值和增量增值两个角度简要分析。

（一）存量价值增值

假设产业链中的交易主体是农业生产企业和消费者，产业链上产生的价值体现为企业利润和消费者收益之和，也可以用消费者期望价值减去企业耗费价值表示。计算公式如下：

产业链价值 - 消费者收益 + 企业利润 = 消费者期望价值 - 企业耗费价值

$K=(V-P)+(P-C)=V-C$

其中，k 表示产业链价值；v 表示顾客从产品中所获得的期望价值；p 表示产品销售价格；c 表示企业耗费价值。亦即农业产业链中某一状态下的价值量 K，其量的大小是由消费者期望价值 V 和企业耗费价值 C 的差额所共同决定的。

（二）增量价值增值

沿用上述计算公式及代号：K=V-C，进一步分析可以发现，在产业链增值过程中的增量价值增值通常表现在增加收益和降低成本两个方面，则有：

$\triangle K=(\triangle V-\triangle P)+(\triangle P-\triangle C)=\triangle V-\triangle C$

其中，△ K 表示增量价值；△ V 表示消费者从产业链协作中得到了更多的新增收益或价值冗余，从而愿意为产品支付的增值部分；△ P 表示产业链中的产品、服务、机会等价值放大效应；△ C 表示产业链协作等对耗费价值的减损，如成本减损和风险减损带来的价值增量。具体来讲，在农业产业链价值活动中，期望价值增量△ V 的变化可以表现为收入与利润变化、生态环境变化、产业发展水平、影响力、能力与素质、品牌形象变化等的机会增值；耗费价值减损带来的增量△ C 的变化则表现为产业链投入成本、交易成本与管理费用变化、闲置资源的利用、避免浪费、风险减损等，二者共同决定着产业链增量价值△ K 的变化及程度大小。

三、农业产业链价值增值现有路径

围绕如何实现农业全产业链价值增值这一核心问题，按照产业链理论对农业产业的现有发展路径，即“技术一渗透、解体一重构、交互一耦合”路径进行分析。

（一）“技术一渗透”路径

通过引入先进技术企业或有一定实力的核心企业，将农业创新技术向农业产业进行转移和渗透，再进行模仿学习、消化吸收、再创新，将先进的技术资源聚集到农业产业链中，并与土地等要素相结合，形成农业产业纵向协作链，提高农业资源配置效率等，在存量上提升经济价值，此时增大；农业企业也提高了技术水平、管理水平等素质价值，△ V 进一步增大；产业链纵向协作程度加深之后，交易的不确定性风险及交易成本下降，即△是减少的，因此，△ K 自然而然随之增大，即实现了价值增值。该路径一般适合于农业基础薄弱、技术落后、资源配置能力较低的区域或阶段，且以第一产业和第二产业的融合发展为主。例如，广东省新兴县新竹镇有一定养殖业基础，通过龙头企业（广东温氏食品集团有限公司）的带动，投入产学研合作研发的技术、品种等要素，在“公司 + 供应商 + 专业合作社 + 养殖基地 + 农户”的纵向协作模式下，提升了养殖技能，转换观念等，即增加素质价值，提高了产业附加值；而公司则有稳定的、规模化的养殖基地，降低了交易成本和风险，双方各得其利。

（二）“解体一重构”路径

通过产业“有破有立”的方式将传统落后的农业产业形态打破、分化或解体，再运用创新、整合方式进行重构，形成一个创新的、开放式的产业融合体系。一般发生在与传统农业产业具有密切关联的相近产业或内部细分产业之间，将分散而独立的产品或服务在同一标准下进行重构，并联结成为一体化的新型业态。例如，农业产业体系内部的畜牧业、种养业等相关产业之间，可以通过产业链的重构与整合，形成新型农家乐、新型民宿等新业态。该路径充分挖掘和利用农业产业的多功能性，有利于弥补单一化经营存在的弊端，带来创新的资源和市场互动，优化资源配置，提高附加价值，即实现了△V增值。另外，原本闲置的农业生产资源，如民房、剩余劳动力、抛荒的土地等也得到充分利用，降低了资源闲置程度或减少了浪费资源等，△C是减少的，由此，△K也是增加的。例如，广东省罗定市苹塘镇良官村，依托喀斯特地貌、独特的盆地性气候等自然生态环境的涵养功能，开发集生态农业、农业观光、休闲采摘等多功能于一体的农业生态示范园，开辟“美丽田园”乡村旅游线路，带动新型农家乐、精品民宿、农副产品加工等项目发展，由单一化向多元化的新型农业拓延，实现了价值增值。

（三）“交互—耦合”路径

这一路径主要是充分发挥不同产业的特点和优势，相互借鉴与合作，通过不同产业之间的产品、环境等实施交互，实现产业的优势互补与耦合，消除单一产业链界限明显、封闭式运营的弊端，从而形成一二三产业之间互补、开放、融合的新业态或新模式，实现不同产业的交互与耦合，打破不同产业之间的相互阻断和边界，从而拓宽产业增值的空间。例如，将传统农业与休闲旅游业、康养业等进行交互耦合，形成多层次的新型生态农业模式，如度假小镇、康养小镇、森林小镇等，以提供更丰富的产品或服务满足消费者多样化的需求。在该路径下，产业融合，一方面提高了产业协作水平和效率，获得潜在的素质价值和无形的品牌价值增值，极大地促进了的大幅增长；另一方面，也使得交易成本和不确定性风险降低，即△C是减少的，△K呈现快速增长。例如，广东省郁南县连滩镇兰寨村拥有历史古建筑群30余座，国家级、省市级非物质文化遗产（禾楼舞等）名录47项，县级文物保护单位3座，是典型的集历史底蕴、原生态、艺术创意于一身的古村落。2009年以来，其构建以政府引导、行业协作、企业主导、村民参与的一二三产业融合发展模式，利用传统民俗及非物质文化遗产等，引入企业家智慧和创新能力、资金、人才、管理能力等核心要素，挖掘和利用农业多功能性，如餐饮、民宿、游学、素质拓展训练、艺术展览、文化创意等，创造出多层次、立体化的现代农业产业体系，其经济价值、素质价值和形象价值的增值都非常显著，有效促进农业产业和乡村振兴的发展。

四、基于价值网络的农业全产业链系统构成及价值增值模型

（一）系统构成

农业全产业链是一个不断发展和动态适应的过程，从价值网络来看，主要涉及农副产品的研发、种养、生产加工、物流、销售、服务等诸多环节，包括农业产前、产中、产后的各个部门、组织机构及相互关联的利益主体，是价值链、信息链、物流链、

组织链缔结的有机整体，实现产业链各个活动环节的全方位增值。

内部系统包括（如图 6-1）：（1）上层为产业标准化准则与规范制定及农产品质量管理体系等。（2）中层以全产业链上游、中游、下游的运作流程为中心，分为技术研发与种植养殖、农产品加工制造、仓储物流配送、营销、售后服务、消费者方面，产业链中的正向（实线箭头）表示物流传递的方向，通过上游的农业技术研发、中游的加工流通过程和下游的营销，形成纵向衔接与横向联动的链合化、网络化的产业命运共同体；逆向（虚线箭头）则表示信息流传递及质量追溯的方向，即下游通过对营销和服务网络的管理，快速响应并把握市场行情与信息，继而反馈给上游进行决策。（3）下层为标准化实施的具体活动。外部技术与服务系统包括：大数据、物联网、人工智能、区块链、电子结算系统、移动智能终端等技术应用，各类专业化、产业化及云端智能服务平台等社会化、虚拟化的服务体系，为农业产业链价值增值提供技术及平台服务支持，促进信息传递和共享，提高运作效率和水平，推进农业全产业链形成互利共生的价值网络系统，实现全产业链的价值增值。

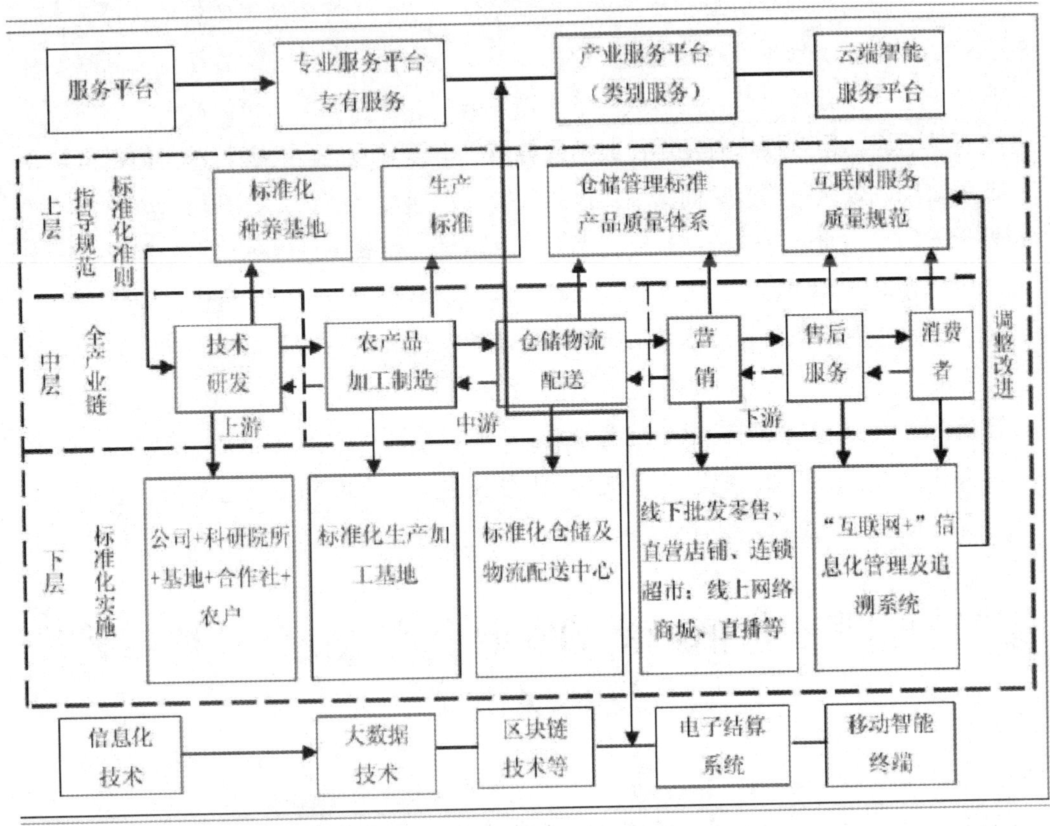

图6-1　基于价值网络的农业全产业链系统构成

（二）基于价值网络的农业全产业链价值增值及新型利益关系

推动农业产业结构调整及其振兴发展，最关键就是要促进农业全产业链实现价值增值，以全产业链价值最大化来聚合并协同各个利益主体的动力，形成涵盖产业链上游、中游、下游环节的增值过程和活动，建立并形成不同利益主体的新型利益关系。

可以发现，农业全产业链价值增值包括：上游环节通过提高销售价格与成本比值实现生产价值；中游环节对农产品进行加工，减少加工成本、物流成本等，同时提高加工特色产品的附加值及副产品收益，提高转换价值；下游环节是消费价值，主要通过提供特色产品满足消费者效用价值，提高产品价格以获得更多溢价进而实现价值增值。通过上游、中游、下游环节之间的相互衔接与协作，可以节约成本、提高效率、降低风险和实现价值增值等。

当然，不同环节和活动所带来的价值增值幅度及价值贡献程度是存在大小差异的，如价值增值幅度较低的为中游的加工流通环节，价值增值幅度较高的为上游的技术研发环节和下游的品牌营销服务及产业链创新增值环节。上述价值增值只是从投入、转换、产出的角度来分析，还停留在价值的存量增值层面，因而还需要从价值网络系统的角度，进一步分析全产业链形成中价值损失减少、价值创造、价值放大等方面带来的增量价值，如通过技术研发用低成本代替高成本设备，通过流程再造与优化用高效率流程取代低效流程等，从而实现价值损失减少；通过创新产品、开拓新市场等实现额外价值创造；通过延伸产品长度宽度、品牌声誉、模式创新、创新平台和衍生出来的新机会等价值放大效应，而这往往能够创造出更多的溢价和增量价值。同时还应该看到，产业链中各个利益主体之间在价值增值的实现上是一种既相互依存又相互博弈的复杂关系，很容易形成利益困境。因此，要想以实现全产业链的价值最大化为目标，设计新型契约及互相激励式的委托代理关系，以此形成产业聚合效应与协同效应，形成新型利益关系，推动产业链向产业族、产业网直至产业圈的飞跃与质变，增强农业全产业链的价值增值和竞争优势。

第二节　基于价值网络的农业全产业链价值增值路径及实现机制

一、农业全产业链价值增值的创新路径

面对农业产业链运行中的路径依赖、缺乏创新、“锁定效应”等不利于价值增值

的因素，需要进一步从价值网络及其系统构成角度，结合农业多功能和多维价值属性，重构农业全产业链的价值增值逻辑与路径。产业链价值增值来源于顾客价值驱动，并依赖所有合作者的共同参与和创造，从价值网络系统的辩证分析价值增值的实现机理，包括如何创造、传递并实现顾客价值，如何实现全产业链的价值增值和盈利，如何建立基于价值网络的新型协作关系，如何重新定义价值网络各个主体的角色和定位，如何改善价值交换、价值创造和价值分配关系等。在此基础上，积极探索和利用大数据、物联网、互联网、人工智能、区块链等新一代信息技术在农业产业链中的推广和应用，发现“互联网+农业产业集群”或“平台生态圈+农业产业集群”的价值增值创新路径，与农业产业链进行深度融合，打破产业界限，使“农业产业链”向“农业产业生态圈”转变，引入新的合作者，创新产品与服务，增加逆向收入来源等，推进农业全产业链的整合与提升，产生链网聚合效应与协同效应，形成农业全产业链价值增值的新路径和新机制。如：将农业产业与现代信息服务业进行融合，形成立体化的全新业态模式，如智慧农业生态区、“互联网+农业”产业集群等，实现农业产业价值定位和层次的飞跃与质变，提供更多创新性的产品或服务创造顾客价值和价值增值。在该路径下，“互联网+”“人工智能+”“区块链+”的推广应用，使得农业产业链在创新增值和机会增值上获得广阔的增值空间和机会，极大地促进了△V的增长潜力；互利共生的产业圈也使交易成本和风险显著降低，亦即△C是显著减少的，促进了△K实现几何级甚至指数级的极速增长。

二、农业全产业链价值增值的实现机制

重构农业产业链，实现产业链价值增值，并由价值增值带来更多的增量收益，是实现农业产业振兴发展的核心和关键所在，围绕如何实现农业全产业链价值增值这一核心问题，还需要建立健全相应的实现机制。

（一）完善农业全产业链资源优化和竞争优势的整合机制

价值网络本质上是一种资源优化和群体竞争模式。通过价值网络不同成员的资源能力互补、技术知识创新、相互信任与合作等，可以创造出更多顾客价值，获得额外的价值增量，从而获得竞争优势。要深入理解和识别农业多功能性及其相互作用机理及规律，完善农业多功能及资源优化整合机制，建立健全基于农业多功能效用开发为导向的国家政策，创新农业业态和经营模式，如创意文化农业、地理标志保护、生态产业、智慧农业等；对农业多功能效用进行价值评估并给予资金补偿；建立健全多功能农业外部经济性的正向激励和逆向倒逼机制，全面促进农业多功能效用的有效实现，

推动农业产业由劳动密集型向技术密集型或知识密集型转型升级，以提升农业产业链的价值定位、层次及形象，夯实价值增值的基础。

（二）塑造全产业链的文化价值融合及认同机制

由于价值网络跨越了空间和时间限制，各种不同的价值观和意识形态相互交融和碰撞，容易造成产业链的价值耗损。塑造以价值增值和价值共享为核心的文化价值融合与认同机制，为农业全产业链价值网络的有效运行、实现价值增值提供文化和心理认同，将更多的注意力集中到价值链的战略定位、组织文化认同、知识创新、商业模式创新等方面。通过知识交流与激发，创造富有吸引力、创新力的价值网络文化，吸引不同利益主体加入并发挥其特有价值，形成平等、开放、包容、创新、共享的文化价值取向和行为方式，加强农业产业链与外部环境的互动与融合，为农业全产业链价值创新、价值增值等提供精神动力，从根本上提升农业产业链价值增值能力和竞争优势。

（三）完善产业链价值网络的资源配置、知识创新、信息共享和关系治理机制

通过加强产业链推动力和组织力，建立并完善以价值增值为导向的资源配置、知识创新、信息共享和关系治理机制，按照各个节点企业的资源禀赋和能力进行价值定位、创新和整合；知识创新和信息共享使产业链不断创新并调整资源以提升整体价值创造；良好的关系治理机制能促进企业之间协调、改善，并巩固产业链的协作关系，减少摩擦与冲突，从而实现更大范围和更高水平的价值增值。如价值目标协同机制、组织动力机制、行为协同机制等，以引导和激发产业链各个利益主体实施价值增值行为，强化利益依存和共生关系，促进产业链信息沟通和服务流转速度，节约时间和精力成本，减少机会成本及不确定性风险等，从而降低耗费成本，以实现价值增值。通过关系治理机制创新，化解产业链运作的路径依赖及既得利益固化的困境与矛盾，加强产业链运作的动态调整，以增强产业链的环境适应性，开拓农业产业发展空间，加深产业融合和产业集群程度，提升产业价值增值能力。

（四）建立新一代信息技术推用、虚拟价值链管理和价值网络创新驱动机制

价值网络本身就是一种创新型的价值链组织形式，通过多种方式驱动价值网络在技术、管理、价值评价等方面的创新。（1）技术创新，推动大数据、物联网、云计算、区块链、移动互联网等新一代信息技术向农业生产、经营、加工、流通、服务领域的渗透和应用，构建农业产业链数据资源管理体系及信息平台，加快推进农业大数据系统建设及应用，加强数据采集、共享，促进农业与信息技术的深度融合，促进新一代

信息技术创造出更多的价值增值。（2）管理创新，通过并购、联合研发、内部创业、虚拟协同创新、模块化创新等，加强产业链虚拟化运营管理，利用虚拟现实技术、大数据、区块链技术等虚拟组织方法和信息技术，大力推进智能仓储、智慧物流、网络营销等设施平台建设进程，为全产业链的虚拟价值链、价值网络运营及农业产业集群发展提供有力的组织管理机制和便捷、准确、广泛的大数据服务。（3）价值评价创新，面对复杂多变的价值网络及利益关系，应建立多元化、动态化的价值增值评价与奖惩机制，以便于根据各个利益主体的协作度、贡献度等动态地调整价值分配，增强农业全产业链价值增值的动力、能力及其竞争优势。

第三节　全球价值链视域下农业产业集群升级的作用机制与推进路径

为贯彻落实乡村振兴战略和2020年中央一号文件精神，2020年3月，农业农村部和财政部决定组织开展优势特色产业集群建设，印发了《关于开展优势特色产业集群建设的通知》，提出支持建成一批年产值超过100亿元的优势特色产业集群，推动产业形态由“小特产”升级为“大产业”的进程。在此背景下，各地区还需积极响应国家政策号召，着力推动农专业产业集群升级。

一、全球价值链视角下农业产业集群升级的紧迫性

（一）农业产业集群被锁定在全球价值体系低端

随着经济全球化发展，世界范围内的生产、贸易方式都发生了巨大变革，全球价值创造体系也同时实现了优化和重组。从发达国家角度看，其注重营销、设计、创新、品牌等高附加值环节的发展，将低附加价值的生产制造环节转移到了发展中国家；从发展中国家角度看，其虽然通过承接生产制造环节获得了发展机遇，获取了经济收益，但仍处于全球价值体系的最低端。通过调查和研究，笔者发现，产业链的前端，即研发、创新能够获取产品利润的百分之四十，产业链后端，即品牌、销售、售后能够获取全部利润的百分之五十，相比之下，作为产业链的中间环节，生产制造仅能获取总利润的百分之十。改革开放以来，我国凭借低成本优势和政策优势，顺利承接了发达国家的制造产业转移，虽然这在短期内促进了经济一定程度的发展，但是我国实际获取的附加价值并不理想，而且付出了巨大的代价，这一现象体现在农业产业集群化发展的诸多方面。

（二）农业产业集群面临更多“奔馈因子”

首先，随着经济的发展和改革开放各项政策的全面实施，我国凭借着充足且低廉的劳动力优势，实现了对发达国家制造业的承接，同时迅速发展成为世界范围内首屈一指的制造业大国。然而，随着经济的发展和人均 GDP 的显著升高，国内劳动力成本持续攀升，这也直接造成了产品价格的上涨。随着产品价格的上涨，产品竞争力必将显著下降，随之而来的就是销量的下降和库存的积压，这也是造成许多集群企业经营困难的重要原因。

其次，自从 2005 年我国政府宣布人民币正式放弃挂钩美元，实行全新的汇率制度以来，人民币汇率一路攀升，这对国内市场也出现了正反两方面的影响。从正面角度看，人民币的升值能够缩减国际收支差异，提高国外产品的购买力，间接推动区域产业集群结构的优化和重组；从反面角度来看，人民币升值会大大提升外汇储备的风险，间接提升了国内产业集群的劳动力成本，进而降低了产品的竞争力。

最后，受经济危机影响，世界经济在一段时间内步入了缓慢复苏时期，发达国家的许多企业都陷入了严重的债务危机，这不仅加强了发达国家企业的贸易保护意识，同时也对集群内出口企业的国际贸易环境产生了极大影响。尤其是在 2009 年至 2010 年间，国内产业集群遭受到了频繁且严重的贸易摩擦，各类贸易救济调查案件层出不穷，涉案金额也高达 200 亿美元。发达国家在原有关税的基础上，对外国输入产品征收了特别关税，部分国家部分产品特别关税额度惊人，许多国内产业集群面临高昂的税费不得不通过降低产量、精简人员来保全自身，这也直接导致十余万中国工人面临就业危机。

二、全球价值链视域下农业产业集群升级的作用机制

近年来，随着经济的发展，我国农业产业集群面临着贫困化增长的重要问题。基于全球价值链视角，我国农业产业集群只有通过升级，才能实现资本向实体经济的回流，进而实现高收入国家的发展目标。对此，笔者将会从以下几个方面阐述农业产业集群升级的作用机制。第一，从升级的维度看，农业企业竞争力和绩效占据了企业发展的主导；从理论角度讲，企业竞争力的研究隶属于现代企业战略管理的范畴。企业战略的核心目的在于提升自身行业竞争力，而企业竞争力则是指企业在同行业竞争氛围中，通过制定目标、采取举措、发展自身能力、整合内外资源、完善自身服务等方式更好、更快、更全面满足顾客的需求，从而为企业带来收益，进而获得生存和发展综合力量的过程。相比单个企业，集群企业则需要借助全球价值链中能够创造价值的

活动将产品和服务提供给顾客。当集群内企业拥有丰富的资源和能力时，整个集群将会变得更容易生存、发展和获利。不仅如此，较强的行业竞争力还能为集群内企业有效降低新业务孵化的成本和风险，这不但能够有效推动集群内新业务的快速增长，而且还能保障现有业务的安全性，进而为集群内企业带来更加理想的绩效。

第二，在全球价值链的领域下，企业能力是企业发展的关键。首先，从农业企业技术能力方面，技术的含义不仅包括软、硬件知识和设备，还囊括了各类技术活动的从事能力，技术能力能够为软、硬件知识和设备提供支撑，软、硬件知识和设备同时也是技术能力的根本要求。其次，从创新能力方面看，一般情况下，农业企业竞争优势的提升可以通过突显产品差异性和降低成本两条路径实现。面对经济全球化背景下的竞争，农业企业唯有提升自身市场适应能力和客户对需求的满意程度，才能保证自身的稳步发展。集群企业要想在激烈的市场竞争中具有优势，就必须拥有具有竞争实力的产品，企业要想开发出具有竞争力的产品又必须通过技术创新。对此，农业企业要想提升自身技术能力，就应不断积累具有自身特色的资源、信息和数据，并将这些资源活化到技术创新活动之中，这样才能有效提升新产品与市场需求的契合度。再次，从营销能力方面看，企业市场营销能力的提升能够为企业带来较高的大众满意度，而大众满意度则是影响企业盈利性生产的重要因素。与营销资源不同，在全球价值链视域下，企业营销是指企业妥善协调好人与营销资源的复杂模式，主要涵盖了市场调研、营销渠道梳理、客户关系维系、竞争对手识别等多方能力。各地集群企业市场营销能力的形成取决于时间和当地市场竞争环境。然而，这样的能力只能在一定时间内为企业带来竞争优势，随着时间的推移，原有的营销能力会逐渐衰退。面对这样的现实规律，集群企业唯有不断发展和创新自身营销能力，才能在激烈的竞争中立于不败之地 .

第三，集群企业能力之间的相互作用能够决定整个集群的发展走向。一方面，技术环境的变化缩短了企业产品的周期，新技术、新产品的模仿加快了产品同质化的步伐。面对严峻的市场形势，农业企业唯有通过不断开发新产品，才能实现对现有市场的有效拓展。在地方产业集群中，大量同类产品生产者要想在竞争中获得优势，就应努力为消费者提供性价比更高的产品。要想实现这一目标，集群企业需要从自身能力出发，通过技术创新，走产品差异化的发展路线，通过功能、品质、价格的区别，满足消费者多样化的需求，从而有效避免集群内的同质化竞争。另一方面，对于农业产业集群方面，网络能力不仅能够拓宽集群内企业的活动视野，还能有效保障企业创新的专门性和持续性。在集群网络体系下，企业不必一次完成农产品从生产到销售的全部过程，而是只需要专注于自身优势环节，这不仅增加了集群内各企业的合作层次，还能有效助推集群内创新成功力的显著提升。此外，网络能力还能加快知识、信息、技术的传播速度，使企业能够更快速、更容易地获取到行业前沿的技术、知识、思想以及经验，同时也更有利于企业的求证和纠偏。

第四，企业环境能够对企业发展产生深远的影响。作为一个广义概念，企业环境囊括了企业以外的一切事物和现象，同时也是企业生存、发展、衰败的决定性因素。在激烈的市场竞争背景下，传统静态观已经无法应对企业环境的不确定性。企业环境的动荡程度越高，企业就越需要高水平的技术和营销能力，这样才能在第一时间对环境变化做出正确的选择。要去想实现这一目标，各地农业产业集群企业不仅要紧跟行业技术发展趋势，还应结合企业环境变化不断调整经营活动，并以此全面满足顾客不断变化的需求，这样才能使自身竞争力的显著提升。

三、全球价值链视域下农业产业集群升级的推进路径

（一）重视价值链前端价值，提升农民组织化程度

首先，作为整个价值链中的弱势主体，农民参与农产品种植的全过程，肩负着延续农业价值链的重要责任。因此，农民组织化程度能够直接决定农产品的质量和安全，同时也是发展和壮大农产品产业链组织的核心。要想谋求更加稳定且可持续的发展，各地加强对农民作用的重视，结合自身实际情况，努力提升当地农民的组织化程度。与此同时，各地还应积极建立各类农村经济合作组织，加强对农业投资的经济保障，全面提升农民抵御各类市场风险、资金风险以及自然风险的能力，全方位保护当地农民切身利益的同时，也能显著提高农民的市场谈判地位。

其次，各地应积极建比，例如农村合作社等具有平衡性的结构组织，保证农民参与产业集群升级的主体地位，积极构建科学、民主的乡村利益共同体，公平、合理分配价值链产生的利润，这样才更有利于产业集群对各类风险的抵御。

2018 年 7 月，农产品加工局局长宗锦耀表示，农业农村部要继续实施农村一二三产业融合发展推进行动，其中一个重要举措便是“引导企业和农户通过订单农业，入股分红，特别是要采取股份合作制、股份制等形式，来完善利益联结机制，让农民合理分享里面的增值收益，形成利益共同体、命运共同体”。此外，各地政府以及相关管理部门还应通过政策、经费、法律等手段对乡村产业集群进行全面扶持，加强对当地农民农产品种植的技术培训，积极树立农业生产标准化和安全化意识，全面推动当地农产品种植的规模化、科学化和优质化发展。

（二）引导农业企业协同发展，提高农业产业集群创新投入

一方面，从规模层面看，各地农业集群普遍由民营企业和小型乡镇企业组成，社会关系较为简单，各类信息和资源也比较闭塞和匮乏。在各类非正式交流中，深入调查、

全面了解市场需求和新生产工艺的模仿，是产品创新的重要来源。相邻企业之间存在着一种合作与竞争的矛盾关系，合作是指各企业在遇到各类资金问题时，可以互相拆借维持周转；竞争是指相邻企业的生产工艺和产品质量几乎相同，因此在销售环节存在着相互竞争的关系。面对激烈的全球市场竞争，单个小型企业很难维持自身，保证发展。因此，各地中小型农业企业要想提升自身竞争力，就应积极共建地方农业企业联盟，推动技术、资金、产品、信息等方面的资源共享和风险共担，从而为地方农业产业集群升级提供强大的推动力。

另一方面，从校企合作层面看，各地农业产业集群内企业应积极与当地高等院校、行业协会组织以及科研院所构建长期、稳定的合作关系，加大对企业创新环境的各项投入，借助高等院校以及科研院所的教育资源为企业员工以及技术、管理人员争取更多、更好的学习机会，让他们有机会了解和学习到行业前沿知识和技术。2018 年 1 月，国务院办公厅印发了《关于推进农业高新技术产业示范：区建设发展的指导意见》，从国家层面上部署示他区建设，开辟示他区新序列。对此，部分地区可以引领条件成熟的农业产业集群与院校共建新技术开发中心，着力建设农业高新技术产业示他区，在集群内部营造产业创新的积极氛围。这种方式不仅能够有效降低单个企业的创新成本，帮助小型企业抵御创新风险，还能有效促进农业产业集群内部的交流、合作，同时对于新技术扩散、创新技术周期缩短和集群升级都有显著的推动作用。

（三）加强农业资源利用能力，深化农业产业集群外部联系

首先，在农业产业集群的发展过程中，各地政府以及相关管理部门在对集群内生企业保护方面，应遵循适度性原则，要大胆引进国外有实力的企业到当地开发农业，借助他们的经济实力和技术优势来开发当地农业产业，从而推动当地农业产业集群的发展。与此同时，各地还应积极引导农业产业集群积极开展农业支持产业合作，积极与生物农药、有机化肥、农产品包装、贸易、销售等相关产业建立长期、稳定的合作关系，拓宽产业发展面，积极开发多样化的农产品，提升当地农业产业综合收益的同时，也能实现当地农业产业价值链的不断延伸。

其次，各地农业产业集群应加强与国内外同类企业的合作，借助协议、契约等形式建立 . 长期合作关系，实现生产技术、销售渠道以及各类资源的共享。与此同时，各地企业还应通过合作努力降低自身生产成本，提升自身农产品的行业竞争力，借助经济、人才、技术、资源优势推动当地农业产业集群的升级。为了有效提升当地农业企业的资源、技术、人才利用率，当地政府应加大对当地农业协会以及农业合作社的扶持力度，努力为小、中型农业企业提供更加良好的发展环境。除此之外，在现有政

策体系的保障下，各地还应鼓励农业产业集群的内部交流和外部联系，鼓励集群内企业共同开展科研开发，这样更有利于集群内外部竞争合作环境的建立。

（四）提升区域农业品牌价值，推进农业产业整体升级

一方面，区域农业品牌具有一定的知名度和大众认可度，是在各地企业分散品牌基础上建立而成的，具有较大的外部效应，同时也能为农业产品带来更高的附加价值。在区域范围内，一旦集群品牌形成，就会作用和影响到集群内的所有产品和服务领域。借助其品牌的影响力，地方农业产业集群能够更好地实现外部交往，这不仅能有帮助地方农业产业集群快速占有国内外农产品，还能有效提升他们的行业竞争力。

另一方面，各地农业产业集群要想实现整体升级，还应从以下四个方面做出努力：其一，各地集群还应重视自身农产品营销网络的构建，聘请专业人士开展培训活动，积极培养营销团队，鼓励集群内企业克服储存、运输困难，将销售范围拓展到省外的大中城市；其二，各地应积极创新引资方法和手段，努力提升投资政策的稳定性，这样才能全面激发投资人的投资意愿；其三，各地集群在农产品包装设计方面，应全面融入自身品牌特色，努力实现现有资源向品牌优势的最大化转换，借助区域品牌力量促进地方品牌的树立和发展，从而形成具有自身独特优势的农产品品牌；其四，各地集群还应重视当地农业市场的体系建设，打造农产品、农业观光体验式旅游、农业文化一体化的专业农业市场，提高当地农业产业的核心竞争力，从而推动地方集群的升级。

参考文献

[1] 聂毓敏 . 打造产业集群创新发展路径——评《生态农业产业集群发展研究》[J]. 山西财经大学学报，2022，44（10）：130.

[2] 杨小玲，唐双福，李萍，吴兆娟，战博，高冬梅，修维宁，刘阳 . 创新培育重庆农业产业集群机制研究 [J]. 湖北农业科学，2022，61（16）：203-209.

[3] 杨敬华，蒋和平 . 农业科技园区集群创新的链式发展模式研究 [J]. 科学管理研究，2005（03）：83-86.

[4] 张华，孙鹏 . 多维邻近性对陕西泾阳茯茶产业集群创新的影响研究 [J]. 南京师大学报（自然科学版），2022，45（02）：34-43.

[5] 杨子鑫，白旭，冯慧娜，李景波 . 基于农业全产业链金融协同支农创新研究 [J]. 当代农村财经，2021（09）：61-64.

[6] 刘婕，张仙 . 电子商务背景下农业产业集群协同创新机理研究——以弥勒市葡萄酒产业为例 [J]. 科技与管理，2021，23（04）：42-49.

[7] 许竹青，周海川 . 数字化转型为农企“换道超车”提供可能 [J]. 农产品市场，2021（14）：52-53.

[8] 李妍，朱加民 . 义乌市现代农业产业集群发展对策思考 [J]. 南方农业，2020，14（31）：43-46.

[9] 张振 . 科技经济融合发展打造功能性农业产业集群创新生态——2020“企业创新大家谈”第四期在山西太谷区举办 [J]. 中国经贸导刊，2020（20）：42-43.

[10] 郭中华 . 河南省农业产业集群发展模式创新研究 [J]. 乡村科技，2020（21）：24-25.

[11] 卫华，张派 . 农业产业集群创新发展的制度环境研究 [J]. 北方经贸，2020（06）：31-33.

[12] 党福玲 . 现代农业产业经济的发展转型研究——评《现代农业产业集群创新发展研究》[J]. 中国蔬菜，2020（05）：114-115.

[13] 李二玲 . 中国农业产业集群演化过程及创新发展机制——以“寿光模式”蔬

菜产业集群为例 [J]. 地理科学，2020，40（04）：617-627.

[14] 张静，赵景峰 . 新乡市农业产业集群发展研究 [J]. 华北水利水电大学学报（社会科学版），2020，36（02）：26-30+60.

[15] 任青丝 . 基于三螺旋理论的河南农业产业集群创新系统的培育 [J]. 纳税，2020，14（04）：296.

[16] 张杰，张天柱 . 设施农业产业集群模式创新与实践——以河北邢台为例 [J]. 园艺与种苗，2020，40（01）：47-49+59.

[17] 史焱文，李二玲，李小建，任世鑫 . 农业产业集群创新通道及溢出效应——以山东寿光蔬菜产业集群为例 [J]. 地理科学进展，2019，38（06）：861-871.

[18] 杨山峰 . 特色农业产业集群量化测度及创新升级路径——以河南省为例 [J]. 现代化农业，2019（06）：64-67.

[19] 王洁 . 农区产业集群创新体系的形成过程与演化机理 [D]. 河南大学，2018.

[20] 冯鑫 . 新乡市农业产业集群发展问题及对策研究 [D]. 河南师范大学，2018.

[21] 黎元生 . 论台资驱动型农业产业集群创新——以福建省为例 [J]. 福建农林大学学报（哲学社会科学版），2015，18（06）：16-19.

[22] 余萱 . 农业创新体系的绩效评价 [D]. 河南大学，2015.

[23] 郭丽霞 . 衍生、创新溢出与农业产业集群的形成 [D]. 河南大学，2014.

[24] 杜微丽 . 农业虚拟产业集群知识创新机制研究 [D]. 哈尔滨理工大学，2014.